中国海洋大学"985工程"海洋发展人文社会科学研究基地建设经费资助

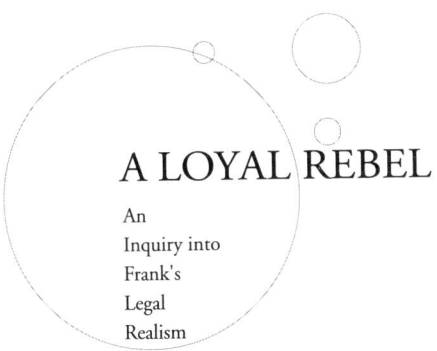

A LOYAL REBEL
An
Inquiry into
Frank's
Legal
Realism

最忠诚的反叛者
——弗兰克法律现实主义思想研究

于晓艺／著

于晓艺同学

认真读书

正平
二〇〇四年九月

目　录

导　言 ·· 1
　　一、研究现状的考察 ··· 4
　　二、论题及参照框架的确立 ································ 7
　　三、论述进路与结构安排 ··································· 11
第一章　弗兰克法律现实主义思想的提出 ················ 14
　　一、弗兰克理论关注点的确定 ···························· 15
　　　　（一）个人经历 ··· 15
　　　　（二）社会背景 ··· 17
　　二、弗兰克怀疑主义进路的确定 ························· 21
　　　　（一）霍姆斯（Oliver Wendell Holmes）········ 21
　　　　（二）汉德（Learned Hand）······················· 23
　　三、弗兰克建构现实主义思想的理据 ··················· 27
　　　　（一）哲学立场——实用主义 ······················· 27
　　　　（二）历史观——视角主义 ·························· 30
　　　　（三）政治立场——民主政治 ······················· 32
　　　　（四）心理学渊源——精神分析 ···················· 34

第二章　弗兰克的规则怀疑论思想　37
一、对法律形式主义的质疑　38
二、破除"基本法律神话"　42
　（一）确定性神话　42
　（二）附属神话　44
三、规则怀疑论的建构　47
　（一）一般人理论　47
　（二）结论先行论　51
　（三）成熟心智的获得　55

第三章　弗兰克的事实怀疑论思想　60
一、对规则怀疑论的质疑　62
二、破除"上级法院神话"　64
　（一）司法体系的上级化　65
　（二）遵循先例原则　68
三、事实怀疑论的建构　71
　（一）三维的法律世界　74
　（二）建构性的案件事实　75
　（三）事实调查的影响因素　80
　（四）初审法官的事实裁量权　84

第四章　弗兰克思想转向的解析　88
一、外在理论碰撞的激发　90
二、内在理路发展的要求　94

第五章　弗兰克法律现实主义思想的再剖析　105
一、争论焦点　105
　（一）否定法律的确定性　106
　（二）缺少法律的内在视角　110
　（三）对司法领域的单纯关注　113

（四）忽视司法判决的一致性 ·························· 116
　　（五）混淆法的效力与实效 ···························· 118
二、思想前设 ·· 120
　　（一）个殊性的诉讼案件 ······························ 121
　　（二）个人权利与公共权力的对抗 ······················ 122
　　（三）手段与目的二分的工具主义 ······················ 125
三、理论追求 ·· 130
四、理论出路 ·· 133

尾　论 ·· 139

参考文献 ·· 150
一、中文译著 ·· 150
二、中文著作 ·· 154
三、中文论文 ·· 156
四、英文著作 ·· 158
五、英文论文 ·· 160

后　记 ·· 165

导　言

　　法律作为社会治理或控制手段，在一定程度上规定了人类的生活秩序。从人性的需求出发，人类一方面需要确定性以获得基本的安全感，另一方面，不确定性又因个体需求的多样化、社会生活的丰富性而不可避免。因此，法律的确定性与不确定性也始终纠缠在一起，成为法哲学的一个基本问题。

　　正如托依布纳所言，"法律的不确定性像法律本身一样古老"①。早在两千多年前的古希腊，"柏拉图在其《政治家篇》（The Statesman）对话录中，阐述了他不重视法律的理由。他在该书中指出，'法律绝不可能发布一种既约束所有人同时又对每个人都真正最有利的命令。法律在任何时候都不可能完全地给社会的每个成员做出何谓善、何谓正当的规定。人之个性的差异、认知活动的多样性、人类事物无休止的变化，使得人们无论拥有什么技术都无法制定出在任何时候都可以绝对适用于各种问题的规则。'"② 就法律确定性问题而言，他所阐释的上述理由正好可以解释法律不确定性的产生。但是，自从他的学生亚里士多德在《政治学》中提出其经典的法治思想——"法治应

---

① ［德］贡塔·托依布纳：《法律：一个自创生系统》，张骐译，北京大学出版社2004年版，第113页。
② ［美］埃德加·博登海默：《法理学：法律哲学与法律方法》，邓正来译，中国政法大学出版社2004年版，第10—11页。

包含两重意义：已成立的法律获得普遍的服从，而大家所服从的法律又应该本身是制订得良好的法律"①——以来，法治的重要因素之一就成为拥有一部制定得良好的法律。而这一良法的标准就是通过理性的努力制定出完美无缺的法律规则体系，并能通过形式逻辑推理来保证法律的确定性。

中国法学界自接受法治观念以来，法律的确定性便作为一个当然的前提被接受下来。正当中国的法治建设沉浸在这种确定性的喜悦之中时，司法实践中不断出现的"同案异判"等现象，刑事诉讼法等部门法学所提出的"法律事实"与"客观事实"的区别问题，又都不断地引起学者们对法律确定性问题的再思考。同时，西方法学理论的不断引入在一定程度上也推动和加速了对这一问题的讨论，而法律现实主义思想就是其中的重要理论渊源之一。

法律现实主义运动②是 20 世纪 20—30 年代在美国法学界兴起的一场引导法学研究的新方向的学术运动。之所以如此认为，是因为这一运动在法律确定性问题的研究中开启了现代意义上质疑法律确定性的序幕，其研究结果对美国正统的法律观念产生了巨大冲击。在美国社会，20 世纪 50—60 年代的司法行为主义、人类学法学乃至"法与社会运动"，以及 70—80 年代的批判法学运动、法与经济学运动，女权主义运动，都在不同程度上受到法律现实主义思想的影响，而新法律现实主义的产生引起了美国学界近年来新的争论焦点。即便如此，作为法学思想

---

① ［古希腊］亚里士多德：《政治学》，吴寿彭译，商务印书馆1965年版，第199页。在弗兰克看来，亚里士多德法治思想的核心并不是谈及固定不变的规则，而是强调法律将通过有缺陷的人类来适用。也就是说，在亚里士多德那里，为了广泛适用，法律必须被一般化，同时，法律需要在具体情境中被赋予内涵。但是，人们却往往只注意到了前者而忽视了后者。

② 法律现实主义分为两脉：美国法律现实主义与北欧法律现实主义，二者均对法律采取一种"现实"的态度，但是在研究对象上有所区别。美国法律现实主义主要研究司法过程中法律的形成与特性，而北欧法律现实主义主要研究法的一般理论与基本范畴——权利与义务的研究。限于本书论题的选择，文中涉及的法律现实主义均为美国法律现实主义。

发展史重要环节之一的法律现实主义并没有得到深入研究，以至于不少学者对其产生了误解。

在中国理论界，对法律现实主义所作出的学术贡献，学者们莫衷一是。大多数学者认为在有关法律确定性问题的讨论中，法律现实主义运动中那种将法律的不确定性推向极致的观点，有悖于法治的基本原则和基本精神。但是也有学者指出，"他们并不一般的反对法律的确定性，而是在法律的确定性中寻求不确定，在不确定中寻求确定性。因此，他们的观点总体上看，对现代法治是建设性的。"① 那么，法律现实主义的法律观究竟是什么性质的法律观？他们对于法律确定性问题的解答究竟是怎样的？他们对于法治事实上采取了何种立场？

事实上，美国法律现实主义并不是一个严格意义上的学派，而是由当时一批反对传统法学的具有激进倾向的，但同时又持有不同观点的人所形成的一场学术运动。作为该运动重要代表人物之一的杰罗姆·弗兰克，一直以来反对法律现实主义作为一个统一的学派存在，认为非现实主义者以及反现实主义者只有明确区分不同的现实主义者，才能对差异巨大的各种法律现实主义理论进行有效的批判。也正是因为弗兰克从未提出过任何有关法律现实主义的纲领性主张，才导致了在这一运动的整体性研究的绝大多数论著中，他的思想要么被忽略不计，要么就零星地混杂于卢埃林等其他学者的主张之中。笔者认为，在弗兰克思想研究严重缺失的情形下，试图准确、全面地把握法律现实主义的整体性的法律观几乎是不可能。因此，本书将直接进入弗兰克思想本身，以期澄清对一种法律现实主义思想的理解。

与此同时，弗兰克还主张因为"现实主义"在哲学中具有特定的含义，所以应该采用"经验主义"、"建设性怀疑主义"等术语来描述

---

① 葛洪义、陈年冰：《法的普遍性、确定性、合理性辩析——兼论当代中国立法和法理学的使命》，《法学研究》1997年第5期，第82页。

这一运动,并且他还对这一运动进行划分——"规则怀疑论"与"事实怀疑论"两大阵营。① 正如沃尔考默(Walter E. Volkomer)所言,"贯彻于弗兰克所有著作的核心主题是怀疑论,并且他否认所有宣称为绝对真理之信条的有效性。"② 也正是弗兰克从对规则的怀疑转向对事实的怀疑,更加凸显了他关于法律不确定性的主张,进而导致人们给弗兰克的思想贴上了"极端"的标签并束之高阁。相对于整个法律现实主义而言,更多的谜团使笔者关注于这个所谓的激进反叛者的身上,因为思想的极端并不能、也不应该成为学者回避该理论的充分理据。

一、研究现状的考察

为什么怀疑论会成为弗兰克学术生涯的主题?他为什么会对法律产生如此极端的不确定性的主张?弗兰克的思想为什么会发生转向,而这一转向对于其法律思想的整体建构又有何影响?弗兰克的法律现实主义思想与整个法律现实主义运动的分歧何在?还有最为关键的是,弗兰克法律思想可能具有何种理论意义,尤其是对于我们认识和思考某些问题所可能开放出何种不同的视角?带着上述问题,笔者对弗兰克以及法律现实主义的相关文献进行了初步的整理与分析。

就国内的研究现状而言,关注法律现实主义运动的学者十分有限,相关的资料基本上散见于诸种西方法理学、法哲学专著当中,而内容则多停留在介绍性描述之上。具体到弗兰克本人理论的系统研究方面,既没有基本著作的中文译本,也没有关于其思想的翔实的中文评介,关于其思想的系统研究更无从谈及。最近有学者在论及霍姆斯的思想

---

① See Jerome Frank, *Law and the Modern Mind*, Gloucester: Peter Smith 1970, preface to sixth printing.
② Walter E. Volkomer, *The Passionate Liberal: The Political and Legal Ideas of Jerome Frank*, Martinus Nijhoff, 1970, p.207.

遗产时指出，弗兰克主要继承了霍姆斯关于法律不确定性的怀疑主义遗产并将其推向极致，进而认为弗兰克的理论除了揭示出有些法官不那么称职这一社会现象之外，并没有太大的法理学意义，甚至主张弗兰克关于法官个人癖性的主张是使整个法律现实主义蒙羞的主要原因。① 暂且抛开这一论断的正确与否不论，我们必须承认的是，这种说法至少为国内学界弗兰克思想研究匮乏的现状给出了看似合理的解答。

就国外的研究现状而言，在弗兰克的传记作家格伦农（Robert Jerome Glennon）于1985年写作《作为改革者的传统叛逆者——杰罗姆·弗兰克对美国法律的影响》一书之后，就不再有专门的研究著作问世；而杜克斯布利（Neil Duxbury）的《杰罗姆·弗兰克和法律现实主义的遗产》一文则成为对弗兰克思想最后的整体关注。总而言之，弗兰克思想研究的整体状况比较分散，系统性研究也明显缺位，大多学者都是针对弗兰克的具体理论进行批驳。例如，心理学方法的引入对于其破除法律确定性神话的意义以及这一方法引进过程中所出现的问题；还有弗兰克事实寻求的真实性标准是什么等一系列问题。虽然这些具体问题的讨论是我们了解弗兰克法律思想所不可或缺的，但是如果仅有这些零散的论述，那么我们对弗兰克思想的把握就会因其广泛的涉猎而变得支离破碎。值得庆幸的是，保罗（Julius Paul）在其著作《杰罗姆·N.弗兰克的法律现实主义——一项关于事实怀疑论与司法过程的研究》中表述了他对弗兰克法律思想的整体关注以及为探寻弗兰克法律思想在美国法学界所处的理论地位所作的努力。正如他自己所陈述的，"这一研究（指弗兰克法律现实主义思想的研究——笔者注）的主要目标是系统地研究杰罗姆·弗兰克的法律哲学及其在现代社会中的作用……第二个目标是对弗

---

① 参见柯岚：《霍姆斯的司法哲学及其影响》，见邓正来主编《西方法律哲学家研究年刊》（总第1卷），北京大学出版社2006年版，第176页。

兰克思想以及其在新近美国法律思想中的位置进行恰当的评价"①。但是,笔者认为,由于保罗仅仅将问题置于弗兰克思想与外部环境及其他思想的关系中进行考察,忽视了弗兰克思想的内在理论进路,继而误将事实怀疑论当作弗兰克法律现实主义思想的全部,最终导致了他所谓的恰当评价的不复存在。

长期的司法实践使弗兰克尤其关注法律的运作,其首部著作《法与现代心智》②所表现出的理论取向与当时刚刚兴起的法律现实主义运动不谋而合。他的法学研究开放出了一系列问题,对司法过程的关注,对具体案件的判决结果的关注,对初审法院事实调查的关注,无疑都引起了学者们的广泛关注。但是,对于弗兰克为什么会有如此的理论关怀,却很少有人去作进一步的追问。继而,对弗兰克法律思想的研究就呈现当下的这种景象:一部分学者因为弗兰克自始至终的怀疑论立场而认为弗兰克的理论更大程度上具有的是一种批判的价值,对于理论的建构意义甚微;一部分学者因为看到了弗兰克从对规则的怀疑转向对事实的怀疑,认为其在怀疑主义的道路上走得更远,具有一种极端化的倾向,因此避而远之;还有一部分学者在考虑到弗兰克思想形成的历史阶段——两次世界大战之间以及经济大萧条之后——的基础上,认为弗兰克的法律思想对于当时的美国法学界甚至是整个社会改变固有思维、积极进行

---

① Julius Paul, *The Legal Realism of Jerome N. Frank: A Study of Fact-Skepticism and the Judicial Process*, Martinus Nijhoff, 1959, p. 6.

② *Law and the Modern Mind* 的书名翻译问题:以往学者将"mind"一词翻译为"精神"或者"意识"。在笔者开来,这种做法过于宽泛,不利于对该书主旨的理解。一般而言,"mind"一词意指感觉、知觉、注意、记忆、思维、情感、态度、动机、意志、能力、气质、人格等心理现象的总称,由心理过程、心理状态和个性心理三者构成。就该书的论旨而言,弗兰克实质上要突破人对虚假确定性的认同与追求,其论述的前提是人的心理模式对人的行为方式的决定作用。与此同时,鉴于弗兰克主要的贡献是使用心理学的理论来分析法理学问题,笔者更倾向于采用心理学中界定相对清楚的"心智"一词作为"mind"的翻译,因此,笔者将书名翻译为《法与现代心智》。

改革都具有重大意义。

可见，目前的研究现状非但不能正确评价弗兰克法律思想的是非功过，甚至都不能清晰展现弗兰克法律思想的真实面目，其负面的结果是在后续的研究成果中出现了完全不同甚至是相互冲突的弗兰克法律思想。在笔者看来，造成这种情况的根本原因在于学者们并没有关注弗兰克丰富的理论追求背后所隐藏的根本诉求，他们的研究遮蔽了弗兰克法律思想自身发展的内在脉络，而这恰恰是深刻洞悉弗兰克法律现实主义思想所必须把握的。同时，笔者还相信，也正是这种根本诉求支配了弗兰克法律现实主义思想的整个建构过程，也正是这种根本诉求为弗兰克从规则怀疑论者向事实怀疑论者的转变提供了充分理据，也正是这种根本诉求为我们揭示了弗兰克为什么要关注司法过程，为什么要关注具体案件的判决结果，为什么要将最终的理论落脚点放在初审法院的事实寻求之上。

本书并无意否定前辈们所作出的理论贡献，但是这种对理论形态变化的描述并不能当然地成为我们对理论转向所依凭的理据加以忽视的理由，同样，这一情况更不能阻止我们对这一理据本身进行探究的要求与行动。相反，正是目前的研究现状激发了笔者对弗兰克法律现实主义思想之根本诉求进行追问的强烈理论兴趣。

二、论题及参照框架的确立

在多数情形下，弗兰克都被视为法律现实主义中的激进取向的代表，他认为怀疑主义是人类智力的有效工具，他将对法律确定性的质疑坚持到底。因此，他的法律现实主义思想的一个主题就是破除基本法律神话。这一神话由两部分构成——规则确定性的基本神话与事实确定性的基本神话。而与这两部分相对应的理论就是他的规则怀疑论与事实怀疑论。

在认可这一分析的基础上，对弗兰克法律思想进行分析所不可回避的一个问题，就是弗兰克法律思想的重大转向问题，即为什么弗兰克在一开始时并不是一位事实怀疑论者？如何来解释这一转向，如何对这一转向进行定性分析？笔者认为，只有探寻到支配弗兰克整个法律理论建构过程的核心力量，或者说是贯穿弗兰克法律思想始终的基本的思维取向，才能为弗兰克理论建构过程中的"紧张"关系作出合理的解答。由此，也就提出了本书最为直接且最为核心的问题，即探求弗兰克法律思想背后所隐藏的根本诉求。笔者相信，认真追问和反思弗兰克丰富理论背后所隐藏的根本诉求，无论是在学术脉络的梳理还是对现实问题的理论关注上，都具有重大且深远的意义。因为，只有在对弗兰克法律思想的根本诉求进行不断探寻的过程中，才有可能切实地把握其法律现实主义思想的内涵，并且在理论脉络的发展过程中凸现其知识增量，进而对其思想所作出的历史贡献给予正确、恰当的评述。

然而，大多数评论家们对于弗兰克从对规则的怀疑转向对事实的怀疑仅仅是作为一个现象加以阐释，却没有对其转变原因与动力来源给予充分的论述及论证，也没有突出这一理论转向在整个理论体系中的作用和影响。至于在对弗兰克法律思想之根本诉求进行探究的过程中，为何如此执著地着力于这一思想转向，是因为在笔者看来，这个问题乃是弗兰克整个法律理论乃至其整个学术建构过程中最为重要的问题之一，换言之，能否恰当地认识和回答这个问题，是决定本书能否正确地探究到其思想背后所隐藏的根本诉求的关键，进而，也就成为展现他整个法律思想的关键。这一转向是弗兰克法律理论自身发展的必然结果，还是其体系内部的自相矛盾？这一转向的理据是什么？这一转向又是如何进行的呢？弗兰克法律思想追求背后所隐藏的根本诉求与其思想转向有何关系？二者之间又是如何相互影响的呢？这些都将是本书写作过程所必须面对和回答的问题。总之，以弗兰克思想转向为切入点，无论是对其思想背后所隐藏的根本诉求的探究，还是对其法律现实主义思想的整体性解读，都是可行的。

本书的论题已然为进一步的论述隐含了一个预设，即弗兰克法律思想的展开由其基本理论或思维取向所引导。而这一预设则决定了笔者必须采取一种内在进路的分析路径：即通过对弗兰克思想过程的不断梳理，厘清其内部发展脉络，进而展现其法律现实主义理论的建构过程以及其间所涉及的重要理论问题。也就是说，虽然大多数学者认为弗兰克的主张具体、零散且不成体系，笔者却要在这些观点的背后，发掘出一条嵌在其理论之中的内在逻辑线索，并在这一论述过程中讨论弗兰克所试图作出的学术努力以及所存在的问题。因而，在对弗兰克法律思想进行探究时，笔者将尊重弗兰克本人所主张的研究进路，直接进入针对他本人的相关研究之中，尽量忠于他的思想原貌。

这种内在进路的分析模式，无疑对于深刻洞见弗兰克思想的内部发展具有重要意义。但是单纯地在弗兰克思想范围之内来进行研究，一方面很容易使本书的研究陷入弗兰克本人的论述逻辑而使研究变得漫无边际，脱离本书的论旨；另一方面也因为理论本身不能产生对自身的批判力，从而极易将本书的研究变成弗兰克思想的重述、甚或"翻版"。因此，为了更好地研究和讨论弗兰克的法律思想，笔者还需要建立一个使研究得以进行和展开的参照框架。

邓正来在《自由与秩序——哈耶克社会理论的研究》一书的自序中这样写道，"只有把这个问题置于我们所置身于其间的时代场景的变化和学术趋向之中，方能凸现出它所可能具有的意义，进而达致一种更为有效的解释。"① 这对于本书参照框架的建立具有重要的启发意义。因为，对于西方法律思想家的研究，一方面有利于澄清其思想本身，更重要的则是有助于我们思考当下所要面对的问题。然而，将时代场景作为参照框架并不是可以随意建构的，其中必须考虑理论与特定时空之间的

---

① 邓正来：《自由与秩序——哈耶克社会理论的研究》，江西教育出版社1998年版，前言。

切合性。法律现实主义究竟能为当下中国法学研究带来何种启示？更直接的一个问题是，在中国当下的语境中，去研究弗兰克这种"极端"反叛且很少有建构性理论的学者的思想，是否是徒劳无益的呢？

近年来，21世纪是一个法治的世纪已经成为中国广大法律学者的普遍共识，而达成共识却不能当然地成为中国法学为法治中国的正当性所作的论证；依法治国，建设社会主义法治国家的基本治国方略和宏伟目标载入宪法，在实践层面坚定了人们践行法治的信念，而这同样不能成为法学理论不思考的根据。为了实现法治国家的伟大目标，不少学者开始研究中国法治建设和法学研究正面临着的许多新问题。就如同在法律确定性问题的具体讨论中体现了许多学者对法治的信念一样，法律确定性问题的提出也同样促进了人们对法治性质进行思考。

主张法律具有不确定性的弗兰克早在20世纪的上半叶，就提醒刚刚经历了两次世界大战和经济大萧条的美国人民关注"法治，而不是人治"的演变历程①，并且他主张，在现代文明条件下，文明司法的第一步是认识到人不是为法律而制造的，相反法律是被人以及为人所制定的。② 同为美国法律现实主义者的阿诺德（Thurman Arnold）对于弗兰克的工作给出了这样的评论，"现实主义法理学对于病态且混乱的社会而言是一剂良药。20世纪30年代早期的美国是这样一个社会……弗兰克是那一时期在完成对公民与国家法律关系的态度转变中最有战斗力的一位论者，而这对于我们的法律哲学适应20世纪的工业革命是不可缺少的。"③

转型时期的中国虽不同于20世纪初期的美国，但是同样面临许多

---

① See Jerome Frank, *Courts on Trial: Myth and Reality in American Justice*, Princeton University Press, 1963, pp. 405 – 407.

② See Jerome Frank, *Law and the Modern Mind*, Coward-McCann Publishers, 1936, p. 252.

③ Thurman Arnold, Judge Jerome Frank, *the University of Chicago Law Review*, Vol. 24, 1957, pp. 635 – 639.

重要思想的革新，中国法学则肩负着要开启一个法学的崭新时代的重大历史使命。① 因此，笔者相信对弗兰克法律思想进行的研究会为转型时期中国的法治进程提供一种新的思考角度；反过来这一问题的讨论也为笔者对弗兰克法律思想研究提供了一个切实可行的参照框架。

三、论述进路与结构安排

如前所述，对弗兰克法律思想根本诉求的探究，要求本书必须进入弗兰克法律思想自身发展的内在脉络。如何在理论层面对其内在理路加以分析和界定，则是笔者不得不面对和思考的重大问题。因为，外部视角的衡量标准会遮蔽弗兰克学术研究中所隐含的理论问题，更无法解释弗兰克思想内部从规则怀疑论向事实怀疑论重大理论转型的根本原因，因此会导致一种对弗兰克法律思想进行简约化和同质化的处理方式，并且在一定程度上致使读者轻率地作出肯定或否定的判断。如此这般，不仅会抹煞弗兰克法律理论内在发展的繁复过程，甚至会因各自不同的分析框架和理论进路而出现对弗兰克理论的不同甚或相互矛盾的解读。

然而，法律思想内在理路的分析同样具有不可回避的缺陷。理论问题一旦脱离它提出时的外部场景，整个问题分析就会成为纯粹的逻辑推演。就一般层面而言，这种做法无疑会割裂理论研究与社会问题的关联；就弗兰克而言，这种做法更是有悖于其现实主义精神的。法律现实主义对弗兰克而言最核心的要义在于关注现实。作为一名面向现实生活的法律学者，弗兰克对于所有的社会问题都感同身受。他的思考和践行表明，如何切实可行地使人们过上幸福的生活已成为他生命的主题。继而，与其说弗兰克的法律思想是关注法律的实际运作，不如说是关注如

---

① 参见邓正来：《中国法学向何处去——建构"中国法律理想图景"时代的论纲》，商务印书馆 2006 年版，第 3 页。

何通过法律的运作来切实保障人们权益的实现。因此，本书的论述将在内在理路的分析之上佐以脉络考察，在具体研究之上加以整体把握。

就弗兰克根本诉求的探究问题，笔者认为可以从两个层次加以分析：一方面是作为直接诉求的法律理想，即看得见的正义；另一方面则是作为深层诉求的社会理想，即每个人都有幸福的一生。看得见的正义直接支配了弗兰克从规则怀疑论向事实怀疑论的转变，而同时又是其达致社会理想的有效途径。因此，本书在结构安排上，除了导言与尾论之外，主体由弗兰克法律现实主义思想的提出、弗兰克的规则怀疑论思想、弗兰克的事实怀疑论思想、弗兰克思想转向的解析、弗兰克法律现实主义思想的再剖析这五部分组成。笔者首先分析了可能影响弗兰克思想形成的各种外部因素；其次笔者严格遵循内在进路对其思想转向进行详尽分析；再次在对弗兰克法律思想的整体把握之上探讨其社会理想；继而揭示弗兰克的学术贡献以及对当下中国所具有的意义。

具体而言，本书的论述框架作了如下安排。第一章主要阐述了弗兰克理论关注点与怀疑主义进路的确定，并且通过分析弗兰克建构现实主义思想的理据来论述其现实主义思想的提出；第二章和第三章则分别对弗兰克规则怀疑论思想和事实怀疑论思想展开具体而翔实的分析，并且在结构布局上基本是一致的，首先都是理论质疑，然后是破除神话，最后建立相关的理论。这两章内容的结合构成了弗兰克法律现实主义思想的主体；第四章则是重点解析弗兰克思想转向的缘由，而能否恰当地认识和把握这个转向是本书能否正确探究到弗兰克思想背后所隐藏的根本诉求的关键，也就当然地成为本书的论述核心。其间，笔者从外部交锋与内在理路两方面来进行讨论；第五章则对弗兰克法律现实主义思想进行了整体分析，从弗兰克思想引起的争论焦点开始，讨论了其理论建构的思想前设，进而揭示出其理论追求，最后还涉及了弗兰克关于法学教育的观点。其中，理论追求的讨论是对于弗兰克法律思想根本诉求的更深层面的解析；而之所以谈及法学教育，是因为对弗兰克而言，法律改革成功与否、彻底与否,最核心的因素是教育模式的改革,因此,笔者也将这一部分称为理论出路。在尾论部分,除了对弗兰克进行总体评价之外,笔者将具体结合中国的现实情况,以期从弗兰克的法律现实主义思想中获得某种有助益的启示。

第一章　弗兰克法律现实主义思想的提出

正如笔者在导言中所阐释的，对于法律确定性问题的不同解答使得法律现实主义成为美国现代法律思想史上首当其冲的反叛者，但是它所强调的各项因素却"被各主流法学吸收"①，并且"将法律研究的重心从立法移向司法，乃至司法行为"②。莱特（Brian Leiter）就曾经指出："美国法律现实主义是20世纪美国本土最重要的法理学运动，它不仅对美国的法律教育和学术研究产生了深远的影响，而且也对法律改革和律师业产生了深远的影响。"③然而，大多数研究表明，弗兰克独树一帜的解答方式却使得其思想成为众矢之的，他自己则甚至成为使整个现实主义运动蒙羞的罪魁祸首。

如果说本书所采取的内在的分析进路可以使我们更加直接和清晰地面对弗兰克思想的具体内容的话，它却无法说明弗兰克的法律思想何以产生以及为何以这种形式存在。而对这一问题的考察势必会影响我们对具体问题的分析。因此，在正式进入弗兰克法律现实主义思想的具体内容之前，笔者将首先分析其思想的外部影响因素。

---

① ［美］理查德·A. 波斯纳：《超越法律》，苏力译，中国政法大学出版社2001年版，第389页。
② 张乃根：《西方法哲学史纲》，中国政法大学出版社1993年版，第336页。
③ Brian Leiter, "American Legal Realism", in W. Edmundson & M. Golding (ed.), *The Blackwell Guide to Philosophy of Law and Legal Theory*, Blackwell, 2003, p. 1.

一、弗兰克理论关注点的确定

弗兰克的传记作家格伦农认为,对于杰罗姆·弗兰克一生的研究不仅仅是表明其非常广泛的兴趣、旺盛的精力、非凡的能力;更重要的是通过这些考察可以见证 1930 至 1957 年在法律与法学理论中发生的巨大变化。对此,笔者认为,这种论述可以推演到变革时期的许多思想家身上,因为历史的印痕、时代的主题是每一个身处其中的人都无法逃避的。

具体到本书的分析,笔者认为从弗兰克的个人经历与所处的社会背景入手是具有独特意义的,甚至比其他切入点更有利于明确弗兰克所关注的理论问题。同时,对这一问题的梳理也会为我们理解他的理论提供最明确的指示。因为弗兰克自始至终都未曾在"象牙塔"中进行过"纯粹"的学术研究,他在实践中发现问题,并且同时采取理论的与实践的方式去回应与解决问题:弗兰克一直积极参与美国的社会改革,在政治生活中对社会不平等现象表现出深切关注;同时,长期的律师业务与司法实践使他有机会深入观察、研究美国的法律制度现实,并对其中的症结深有体会。弗兰克正是用他的个人经历来展现法律与现实的回应。因此,下述内容也可以看作是弗兰克发展和完善其法律现实主义思想的重要的实践基础。

(一)个人经历[①]

弗兰克 1889 年出生于纽约,是德裔犹太移民的子孙。他的父亲

---

① 有关弗兰克的介绍,主要参考文献有:International Encyclopedia of the Social Sciences;The Passionate Liberal:The Political and Legal Ideas of Jerome Frank;Jerome Frank:Jurist and Philosopher;The Legal Realism of Jerome N. Frank:A Study of Fact-Skepticism and the Judicial Process;The Iconoclast as Reformer:Jerome Frank's Impact on American Law;《中国大百科全书》;《美国大辞典》;《20 世纪思想家辞典——生平、著作、评论》;《法学流派与法学家》等。本书限于主旨,将重点考察与弗兰克法律现实主义思想形成相关的内容。

是一位成功的律师，父亲的权威在很大程度上左右了弗兰克对于学业与职业的选择。在芝加哥大学，弗兰克在 1909 年获得哲学学士学位，1912 年获得了法律博士学位。在求学期间，他曾担任芝加哥市改革议员麦林（Merriam）的秘书，并且被麦林认为是对政治、经济及社会不公正极为敏感的。"麦林关于改革的信念——改革不会自动运行而要依赖于进行自身管理的并不可靠的人类——深深地影响了弗兰克。"① 1912—1918 年，弗兰克基本上在芝加哥从事律师工作，其中，在 1915 年弗兰克再一次涉足改革运动，展现了他对政治上无权、经济上贫困的人的同情。1916—1926 年，弗兰克一直纠缠于芝加哥的运输问题之中。1928—1933 年，弗兰克开始在纽约从事律师工作。在到纽约之前，弗兰克接受了精神分析治疗，也正是精神分析使得他摆脱了对从事法律实践工作的不满，开始在律师工作中获得了自我满足。

1930 年，弗兰克发表其第一部法律著作《法与现代心智》②，这本书在实务界与理论界都引起了广泛关注。此书的出版成为弗兰克职业生涯的转折点，自此，他从一位"纯粹"的法律实践者开始转变为一名法律理论家，也正是从 1930 年他开始与耶鲁大学法学院建立起时断时续的联系，这一联系一直持续到他生命的终结。而这时的耶鲁大学法学院是美国"法律现实主义"的中心之一，它所关注的是将注意力从"书本中的法律"（"the law in the books"）即上诉法院的教条法律，引向"行动中的法律"（"the law in action"）即实际上遍及日常生活、初级法院和商业领域的各种形式的习俗与惯例。弗兰克则热情地为后一种被强烈

---

① Robert J. Glennon, *The Iconoclast as Reformer*: *Jerome Frank's Impact on American Law*, Cornell University Press, 1985, p.16.
② 随后，弗兰克又对《法与现代心智》进行了多次印刷，尤其是在 1948 年第六次印刷序言中已经明显表现出理论转向，因此对于此类序言的分析必须考虑弗兰克法律思想发展的逻辑意义上的顺序，而非单纯考虑其学术著作时间意义上的顺序。

反对的法律观念而战斗着。①

从 1933 年弗兰克被任命为华盛顿农业调整局的法律顾问起,其政治生涯便与学术历程相互纠缠。1933 年秋天,弗兰克又被任命为联邦剩余物资调剂公司的法律顾问。1935 年弗兰克退出新政,1937 年又重返新政,1939 年成为证券交易委员会主席。1941 年,弗兰克被任命为美国第二巡回区上诉法院法官,直至 1957 年终老。并且,从 1946 年开始,他一直在耶鲁大学法学院以及社会研究新学院等学术机构做兼职教师。其间,弗兰克发表了大量的著述,并在多所大学任客座讲师。在 1938 年弗兰克出版了《先拯救美国——如何使我们的民主国家有效运转》,其内容主要涉及经济福利与外国贸易的问题;在 1942 年弗兰克出版了《如果人是天使——民主社会中政府的许多方面》,其中主要分析了行政事务中事实的不确定性和模糊性;在 1945 年出版了《命运与自由——自由美国人的一种哲学》,主要讨论了他对历史的基本看法,并且是其哲学思想的最好体现;在 1949 年则出版了表现其法律现实主义思想的又一惊世之作《初审法院——美国司法中的神话与现实》。这本书的出版标志着弗兰克彻底转变成一名"事实怀疑论者",他将法律的不确定性根源确定在事实调查之中,并且提出关注法律现实就需要破除"上级法院神话",而关注初审法院。在 1957 年,弗兰克与女儿合著出版了其最后一部著作《无罪》,这部著作最为清晰地展示了其对民主社会的各种价值的信奉。

(二) 社会背景

在探讨弗兰克的个人经历与其思想形成之关联的同时,自然不能遮蔽隐藏在他个人经历背后的整体社会背景的发展状况,并试图从中找寻

---

① See Eugene V. Rostow, "Jerome Frank", in David L. Sills (ed.), *International Encyclopedia of the Social Sciences*, Collier-Macmillan Publishers, Vol. 5, 1962, pp. 548–550.

出其法律现实主义思想演变、发展的深层次原因——时代需求或言时代主题。而最能反映时代精神的社会现象莫过于当时所发生的社会改革运动。

怀特（Edward White）在1972年发表的《从社会学法理学到法律现实主义——20世纪早期美国的法理学与社会变化》一文中，以美国社会由进步运动（Progressive Movement）时期向新政（New Deal）时期的变迁为视角，分析了社会学法理学到法律现实主义转变的时代原因。对于弗兰克思想的考察而言，虽然他更为直接、明确地参与了新政，但是进步运动发生在他思想观念形成的重要时期，他在当时的主张与做法无论如何都不能让我们回避这场运动对他思想的影响。因此，进步运动与新政不仅是弗兰克生命自然延展中的重要历史事件，而且其思想在对社会变迁进行回应的同时也得到了发展。

进步运动是指20世纪最初20年中扭转美国政治发展方向的、广泛的改革运动。这场运动开始出现于1901年至1909年西奥多·罗斯福总统在任期间，1912年发展到顶点，1917年随着美国介入第一次世界大战，其影响逐渐消失。美国进入工业时代之后发生的这场大规模社会改革运动，是对工业社会的种种新的难题和挑战的社会性回应。当时，美国工业化刚刚完成，城市人口增多，城市逐渐成为社会生活的中心，城市化进程不断推进，贫富差距不断扩大，高度繁荣的经济状态带来的却是社会的动荡不安、大多数人的流离失所，1893年的经济危机成为进步运动的导火索。

进步运动的改革目标主要包括了以下四个方面：首先是消除政治腐败，提高政府效率，扩大公民的政治参与，促进民主制度进一步适应工业化以来社会发生的巨大变化；第二是控制大公司的经济力量，减轻其对社会的危害，从而保证经济长久稳定的发展；第三是解决工业社会的大众贫困问题，让广大社会成员共同分享经济增长的好处，提高国民的生活水平；第四是复兴公民道德和社会责任感，对个人主义实施必要的社会控制，协调个人和社会的关系。① 就其本质而言，进步运动的核心问题则是在社会发展过程中人的作用与地位如何的问题。在进步主义看来，虽然社会是不断变动的，但人有能力在这种不可避免的变化中推动社会进步。

进步运动时期的弗兰克，由于并不是运动的参与者，往往被大多数研究者所忽视。但是，通过考察他在那一时期的主要活动，便不难发现他与这一运动难以割舍的关系。自1912年，弗兰克从芝加哥法学院毕业之后，他便进入律师事务所开始了他的法律职业生涯。虽然律师工作占用了他大量的时间与精力，但是弗兰克始终参加芝加哥地方的各种政治、经济改革运动。1915年，他参与了改善芝加哥缝纫业工人经济条件的活动，1916年至1926年间又参与了芝加哥运输问题的解决。在一系列的活动中，弗兰克对政治、经济地位低下的人们表示出了极大的同情，并且积极为他们争取权利。

1929年世界性经济危机爆发，美国经济也由此进入大萧条时期，人民的生活进一步恶化。1933年到1939年间由富兰克林·罗斯福总统在和平时期发动了一场社会和经济改革运动。罗斯福新政通过政府干预，一方面扶植或抑制垄断资本的某些方面，另一方面向工人阶级和其他劳动人民作必要的让步，提供就业机会，阻止危机发展，减轻危机影响，完成了最初恢复美国经济的目标，缓和了经济危机所带来的严重后果，部分地缓解了人民的生活困境，也为美国走向福利国家铺平了道路。其间，罗斯福总统还对传统的三权分立原则提出了质疑，提出通过政府运用整个民族的积极互助来增进对每个人的安全保障；认为政府的首要职责之一就是向个人提供可靠与充分的保障。② 罗斯福就此也就成为美国历史上主张最宽泛行政权的总统。

---

① 参见张友伦、李建鸣主编：《美国历史上的社会运动和政府改革》，天津教育出版社1992年版，第191—192页。

② 参见黄安年：《二十世纪美国史》，河北人民出版社1989年版，第160—161页。

在新政期间，弗兰克始终活跃在改革的前沿，参与了众多法律草案的讨论与审议。在他看来，新政是"精心策划的一系列试验"。它意味着国家"采取了一条公开的道路，我们将朝着新的方向前进。我们将主要致力于寻求绝大多数人的福利，而不仅仅是保持某种传统和社会习俗，不管它们对人类的影响。新政与旧政哲学之间的最大不同就在于重点强调重大改变。"① 而法律现实主义者之所以认为为新政工作很容易，"不仅因为在技术上他们很少强求一致而更多灵活，而且因为他们经常将法律制度及方法视为经由日常行为后果检验的人类发明。相应地，实验主义者（即现实主义者，笔者注）由时机所激发来帮助发明新的政府力量，将用作为在农业、工业、劳动条件、公司重组、地方财政、失业救济以及许多其他问题上获得更好结果的手段。"②

通过社会背景的分析，我们可以得知，在20世纪前半叶，随着现代科技的进步，之前诸多被奉为普遍法则的永恒真理不断地被证明为谬论，加之世界大战与经济大萧条的影响，当时的整个美国社会都更加关注人们的实际生活。作为一名实践者，弗兰克对于所有的社会问题感同身受，如何切实可行地使人们过上幸福的生活成为他生命的主题。

然而，一个随之而来的必须面对且不得不解决的问题便是，弗兰克既然如此关注个人权利在现实生活中的实现问题，为什么不直接建立一种权利理论却采取一种怀疑论的方式来警示人们所面临的混沌且不确定的状态呢？毫无疑问，无论是对弗兰克的个人经历进行轮廓式的描述还是对其所处的社会背景予以初步考察，都不足以论证弗兰克为什么要采取一种怀疑主义的进路来阐述其理论。因此，笔者接下来将对此进行具

---

① Jerome Frank, "Realism in Jurisprudence", *American Law School Review*, Vol. 7, 1934, pp. 1063 – 1064.
② Jerome Frank, "Experimental Jurisprudence and the New Deal", *Congressional Record*, Vol. 78, 1934, p. 12414, see Neil Duxbury, "Jerome Frank and the Legacy of Legal Realism", *Journal of Law and Society*, Vol. 18, 1991, p. 180.

体分析。

二、弗兰克怀疑主义进路的确定

弗兰克认为："这些所谓的现实主义者只有一个共同的联系，即一个已被注意到的否定性特征：对一些传统法律理论所持的怀疑主义，即一种为了公正而由改革法院办案方式的渴望所激发的怀疑主义。"① 而关于弗兰克怀疑主义进路的选择，爱契勒（Gray J. Aichele）给出了三方面原因②：一是对霍姆斯思想的继承；二是与相对论等各种理论一同产生的关于人类有限理性和辨别真理能力的普遍深入的质疑，三是将实用主义作为其理论支撑。对此，笔者更倾向于认为，霍姆斯与汉德两位大法官之思想的强烈影响使得弗兰克采取了怀疑主义的进路。

在弗兰克看来，霍姆斯与汉德两位大法官是美国法律史上最为典型的具有成熟心智的法官。一方面，"他认为霍姆斯使美国法理学摆脱对制定法（the black-letter law）的依赖以及对历史与传统的奴役性崇拜"，而另一方面，"汉德则因为他充分意识到他作为人和法官的局限而被弗兰克认为是'最明智的法官'"。③

（一）霍姆斯（Oliver Wendell Holmes）

霍姆斯所提出的论断——"法律的生命始终不是逻辑，而是经验。可感知的时代必要性、盛行的道德理论和政治理论、公共政策的直觉知识（无论是公开宣称的还是无意识的），甚至法官及其同胞所共有的偏

---

① Jerome Frank, *Law and the Modern Mind*, Gloucester: Peter Smith, 1970, preface to sixth printing.
② See Gray J. Aichele, *Legal Realism and Twentieth-Century American Jurisprudence*, Garland Publishing, Inc., 1990, p. 68.
③ Julius Paul, *The Legal Realism of Jerome N. Frank: A Study of Fact-Skepticism and the Judicial Process*, Martinus Nijhoff, 1959, p. 90.

见等等，所有这一切在确定支配人们所应依据的规则时，比演绎推理具有更大的作用。法律所体现的乃是一个民族经历的诸多世纪的发展历史，因此不能认为它只包括数学教科书中的规则和定理"①——被大多数法律现实主义者视为"金科玉律"。霍姆斯认为法律的确定性是一种幻觉，首先开启了对法律确定性的诘难；任何试图建立完美法律体系的努力和试图通过逻辑推理来保证获得确定不变的法律结果的尝试，在霍姆斯看来都是徒劳的；霍姆斯从坏人的视角将法律定义为对法院将要做些什么的预测，引导着后续者对于司法领域的关注，成为"第一个把法理学理论建立在一个源自法律实践的视角之上的学者"②。他作为法律现实主义运动奠基人的地位也由此确立起来。③

在弗兰克看来，"正是因为霍姆斯的清晰洞察（clear vision），我们才可能发现，任何特定的人可以并且必须合法地做与不做的事情不是在书本中描述的而是在某种已经发生或可能发生在法院的实际诉讼中发现的，而这一诉讼是与该特定人的某些行动或言语相关的诉讼"④。"他坚决放弃完美的、连续的法律一致性的幻想，并且从不尝试维护这种存在或可能有一致性的主张。他已经放弃了孩子般的对父亲控制世界的渴望。……因而，在这个国家过去的二十五年中，我们已经获得的关于法律现实的任何清晰洞察在很大程度上都归功于他。"⑤

---

① Oliver Wendell Holmes, *The Common Law*, Little, Brown and Company, 1963, p.1.
② Thomas C. Grey, "Holmes and Legal Pragmatism", *Stanford Law Review*, Vol. 40, 1989, p.836.
③ 经济分析法学家波斯纳法官反复批评，弗兰克以及卢埃林等大部分美国法律现实主义者的理论都没有超越霍姆斯等美国实用主义法学家的理论范畴。在《法理学问题》中，他写道："如果我似乎还是贬低了现实主义法学的话，那么，这也许是因为我难以从中发现什么原创的东西。至少在法理学的重大问题上，现实主义法学家没有说出什么此前霍姆斯和卡多佐没有说过的东西。"[美]理查德·A.波斯纳：《法理学问题》，苏力译，中国政法大学出版社2002年版，第25页。
④ Jerome Frank, "Mr. Justice Holmes and Non-Euclidean Legal Thinking", *Cornell Law Quarterly*, Vol. 17, 1932, p.578.
⑤ Jerome Frank, *Law and the Modern Mind*, Coward-McCann Publishers, 1936, p.253.

霍姆斯对弗兰克的最大影响就是由他的法律怀疑论产生的。相较于古希腊那种消极的、令人不去行动的怀疑主义而言，霍姆斯的法律怀疑论是清晰的、健全的、生机勃勃的、进步的。许多老练的法律人虽然是怀疑论者，但却像希腊人一样害怕彻底接受怀疑的完全的意义。唯独霍姆斯"采取了现代科学建基于其上的怀疑态度，即将思想看作是工具性的并且承认所有人类思想发明的暂时与相对本性的现代怀疑主义"①。最为重要的是，弗兰克认为，当法律人像霍姆斯一样并不是迫于权威而接受或拒绝法律时，他们便开始公正地面对法律。同时，法律人也因为意识到完美的司法过程是不可能的，而勇敢地去承受这一过程所具有的不可避免的缺点、错误和不连续性。一个崭新的、勇于面对法律真实面目的新时代，就在霍姆斯的法律怀疑论中开启了。

（二）汉德（Learned Hand）

汉德大法官的思想在大多数法律现实主义者的研究中是被忽视的，但是对弗兰克而言却具有非同寻常的意义，这一点在弗兰克写给汉德的信中体现得最为明显，"在我的记忆中没有任何其他人曾激起我如此的钦佩和爱慕。您是我作为法官的模范。此外，您已经影响了我对待所有类型问题——知性的以及其他的——以无数方式的态度。"② 下面笔者将对二者学术思想之间的承继关系加以探究。

如果说霍姆斯的精湛论述使弗兰克选择怀疑主义的进路来阐释理论，那么汉德法官关于初审法院的论断则让弗兰克将怀疑主义贯彻到底。最能证明这一点的莫过于弗兰克经常引用汉德法官的那句话——"我必须说，作为诉讼当事人，我应当畏惧一项法律诉讼，超出了除疾

---

① Jerome Frank, *Law and the Modern Mind*, Coward-McCann Publishers, 1936, pp. 259-269.

② Jerome Frank, "Some Reflections on Judge Learned Hand", *University of Chicago Law Review*, Vol. 24, 1957, p. 668.

病和死亡以外的几乎任何东西。"① 弗兰克认为这一论断将摧毁人们对司法的任何自鸣得意的满足，而这种满足在很大意义上就来自于人们对法律的确定性结果的获得。然而，问题的关键之处却不是汉德使弗兰克对法律诉讼保持警醒，而是他作出这一论断的依据。汉德法官在1924年任职于上诉法院（the Court of Appeals）之前做了十五年初审法院的法官，而初审法官除了和上级法院（the Upper-Court）的法官一样适用规则以外，最重要的是他还要对事实加以认定，同时，也正是事实调查过程成为汉德对法律诉讼充满恐惧的源泉。

"完美是一个傻瓜的梦。即使人们可以虚构最可能的法院系统，也不能确保事实能一直被查明或接近；既然初审法院必须由应当知道他们可以从证人——同样具有人类易错性——那里获得何种事实的易犯错误的人来管理，许多不可避免的错误就仍会出现。但是法庭关于事实的可避免的错误应该令所有信仰正义的人痛苦；并且如此错误——不归于规则而归于初审法院事实调查方面不必要的不足——导致了每天不必要的悲剧。"② 也就是说，案件事实的确定依据的是法官对证据的选择，而这一过程极易受到主观因素影响，并且大部分因素是不意识的，由此可能导致判决的独断与反复无常之间以及个性主导与司法权威之间的冲突，因而，人们承受着对未知的司法判决的莫名恐惧。对此，汉德法官还给出了一个更令人惊讶的原因，在现行的已接受的制度下，当事人使用各种各样的伎俩使判决偏离案件实际事实，而这是与整个法律职业的功能背道而驰的。③无论是无心的遗忘还是有心的蒙骗都可能影响案件事实的认定，而这无论如何都不是规则怀疑论所能解决的。

---

① Learned Hand, "The Deficiencies of Trials to Reach the Heart of the Matter", *Lectures on Legal Topics* 1926, Vol. 3, p. 105.

② Jerome Frank, *Law and the Modern Mind*, Gloucester: Peter Smith, 1970, preface to sixth printing.

③ Jerome Frank, "Some Reflections on Judge Learned Hand", *University of Chicago Law Review*, Vol. 24, 1957, p. 679.

无论是规则的适用还是事实的认定,都足以证实法律并不像人们通常所认为的那样具有一致性、稳定性。因此,弗兰克要采取一种怀疑主义的进路,去破除各种神话对人们思想与行为的桎梏,使人们放弃虚幻中的遐想,而坦然地面对现实中的各种真实情况。"现实主义运动是时代的产儿。作为时代的产儿,它的角色在科学的意义上更主要的是批判性的,而非建设性的。"① 然而,重要的不再是弗兰克对法律确定性问题作出了何种与众不同的解答,而是弗兰克采取怀疑主义的进路去揭示为什么律师、法官以及一般公众会相信法律具有一种明显不可获得的确定性,去揭示为什么人们始终相信通过某种手段可以使得法律具有更大程度的确定性的问题。弗兰克认为,人们对法律确定性的追求是在神话的笼罩下进行的。而之所以将对法律确定性的追求称为神话,弗兰克是有其特别考虑的。在他看来,神话(myth)、谎言(lie)以及假设(fiction)之间存在着重大差异,神话更不是通常意义上所言的欺骗(deception)。谎言是对违反真理的事实的主张,即是在知道它的虚假与试图欺骗他人的情形下作出的;假设是指明知它的虚假但无意欺骗他人的一种错误主张;而神话是指在并未完全认识到它的虚假的情况下作出的错误主张。② 通常意义上的欺骗是指在一个人清楚明了的情况下对他人的蒙蔽,并不包括欺骗自己,而神话则是指当事人本身对事情同样不能清楚认知,只是对一种虚幻的事物的渴望。具体而言,这种法律确定性的观念与其他神话一样,法官不仅利用这种观念欺骗了公众,而且还成功地愚弄了自己。这也就是进行区别的要害之处,即告诫人们法律并不像人们通常所认为的那样——是十分清晰、准确、确定和容易适用,是法律人人为地将法律复杂化,这种看法完全是对法律人的行为,乃至于对法律性质的误解。

---

① Hessel E. Yntema, "American Legal Realism in Retrospect", *Vanderbilt Law Review*, Vol. 14, 1960, p. 329.

② See Jerome Frank, *Law and the Modern Mind*, Coward-McCann Publishers, 1936, p. 37.

弗兰克对其理论展开虽然采取了怀疑主义的进路，但是却不是那种最终导向虚无主义①的怀疑主义，而是一种其自称的建设性怀疑主义②。弗兰克认为这种怀疑主义融合了下列两个因素：其一，对设计出将改善我们民主社会运行的社会发明或者使得发明可操作的渴望；其二，一种对于这一事业的各种困难（由于它的复杂性和不可避免的猜测的性质）以及随之而来的在阐释的方法与手段中尝试性即实验性之需求的不停的意识。在笔者看来，这种怀疑主义的建设性特征集中表现在：作为"离经叛道"的法律现实主义者，弗兰克一方面对传统的法律观念发起了猛烈的冲击，另一方面也指引了一种新的学术研究方向。例如，他在质疑三段论推理的同时指出了结论先行的推理方式；在批判案例教学法时建议采取一种法律人学院的教育模式；其中最引人注目的当然要数他针对现行司法体系中的种种弊端而提出的十三点改革方案。

对于弗兰克将怀疑主义作为进行社会改革的有效基础，有学者认为，由于二者是不可调和的，这样必然会引起理论内部的紧张。"弗兰克法理学的两面——民主的改革者的一面与虚无主义的怀疑论的一

---

① 鉴于这一批"具有'一个共同联系'的法学家"的"共同联系"或"共同特征"仅仅在于怀疑以至反对传统的法律制度和法学，对法律抱虚无主义的态度，我们认为以"现实主义法学"来概括，似乎也不太贴切，称之"虚无主义法哲学"则更为妥当。而虚无主义法哲学派在美国最著名的代表是弗兰克。参见倪正茂：《法哲学经纬》，上海社会科学院出版社1996年版，第238页。

② 在《法与现代心智》第六次印刷序言中，弗兰克再次承认使用"法律现实主义"这一短语表明其学术立场时，犯下了错误，引起了误解。他指出，这一术语是他从卡尔·卢埃林那里借鉴而来的，而卢埃林是用此来标明许多美国法律人的观点，这些法律人在20世纪前20年以各自的方式在他们的著作中质疑了对一种或另外一种有关法律事务（matters legal）的传统观念。但是因为在哲学文献中，"现实主义"有一个已被接受的且完全与所谓"法律现实主义者"的观点无关的涵义，弗兰克建议将法律现实主义者称为"经验主义者"或"建设性怀疑论者"，并且将他们的看法称为"建设性怀疑主义"。

面——必定不可避免地发生冲突。"① 而弗兰克自己却说,"在我看来,如果没有这种方法,对任何法律体系的理解与合理改善都是不可能的。我对事实调查的讨论依据我所谓的'事实怀疑论',这仅仅呈现了这种建设性怀疑主义的两个基本组成部分之一。另一个组成部分是'规则怀疑论',其意识到形式的法律规则所产生的法律确定性要比传统理论家所承认的少得多。两部分都是必要的,但'事实怀疑论'在很大程度上却被忽视了。"② 由此,我们可以看出,怀疑主义进路在弗兰克的思想中有着贯穿始终的地位,而两种怀疑主义的更替则是本论文的考察重点。

三、弗兰克建构现实主义思想的理据

弗兰克除了对现实问题具有敏锐洞察力之外,丰厚的学术积淀也是他法律现实主义思想形成的重要基础。如果我们赞同弗兰克思想的理论关注点是,"在由易错的人组成的不确定的社会中,为人们提供一条获得进步的道路"③,那么下述的四大理论渊源则是他学术努力的重要支柱,也是他从怀疑主义进路确立法律现实主义思想的主要理据。

(一)哲学立场——实用主义

实用主义是当时美国的官方哲学,强调立足于现实生活,将采取行动作为主要手段,把获得效果作为最高目的,被视为美国精神在哲学上

---

① Neil Duxbury, "Jerome Frank and the Legacy of Legal Realism", *Journal of Law and Society*, Vol. 18, 1991, p. 177.

② Jerome Frank, "Civil Law Influences on the Common Law—Some Reflections on 'Comparative' and 'Contrastive' Law", *University of Pennsylvania Law Review*, Vol. 104, 1956, pp. 898-899.

③ Walter E. Volkomer, *The Passionate Liberal: The Political and Legal Ideas of Jerome Frank*, Martinus Nijhoff, 1970, p. 26.

的概括和反映、提炼和升华。实用主义一词来自希腊文"Pragmatism",是行动、实践的意思。强调行动、实践,注重功效是实用主义哲学的显著特点。实用主义的创始人是皮尔斯,他在1878年发表了《如何使我们的概念明晰》一文,首次表述了实用主义的基本原则。之后,詹姆士将其发展成为一个较为系统的理论,其后由杜威发扬光大,将之推广至政治、道德、教育等各个领域。顺便提及的是,詹姆士和杜威同样也是心理学历史中机能主义心理学流派中的重要人物,该派的一个核心观点就是主张对意识状态进行整体分析,肯定无意识心理或非理性行为的研究价值。实用主义哲学的基本立场,就是对传统哲学的态度持怀疑态度,坚持以效用为标准的真理观,并且采取一种工具主义方法论。

美国前国务卿基辛格博士认为,实用主义是"美国精神",美国人的求实精神和进取心就是实用主义培养起来的,而美国的领导是"官僚——实用主义型领导集团"。学者康马杰也认为实用主义的特点反映了美国民族的特性,"从某种意义上说,美国过去的全部经历已为实用主义的诞生作好了准备,如今又好象为它的存在提供基础和依据。"① 学界基本上认可了这种观点,认为实用主义作为美国土生土长的哲学是美国历史和文化的产物,是与美国的整个历史紧密地联系在一起的,是美国精神的体现。独立战争是美国第一次资产阶级革命,它驱逐了英国殖民主义者,完成了民族独立的任务,开创了现代文明的美国历史。美国内战结束至19世纪末,美国工业迅速增长,完成了从农业国向工业国的转变。在这一过程中,学者们发现"行动"这个概念是可以成为反传统哲学、建构新哲学的契机,实用主义也正是以此为基石范畴来建构理论体系的。

综上所述,实用主义产生的年代,正是美国政治稳定、经济繁荣的时期,其所面临的任务主要是如何应对经济发展所带来的一系列社会问

---

① [美] H. S. 康马杰:《美国精神》,杨静予等译,光明日报出版社1988年版,第142页。

题，因此，它也就顺理成章地成为克服工业社会种种新难题和挑战的重要理论依据。他们认为，真理并不在抽象的逻辑观念之中，而应从实际结果中探寻。没有绝对的真理，只有有效或无效的假设。詹姆士指出，"我们思考事物时，如果把它完全弄明白，只须考虑它含有什么样可能的实际效果……这是皮尔士的原理，也就是实用主义的原理"，"实用主义的方法，不是什么特别的结果，只不过是一种确定方向的态度。这个态度不是去看先验的事物、原则、'范畴'和假定是必需的东西；而是去看最后的事物、收获、效果和事实。"① 杜威更进一步提出真理即效用，真理是有效用的工具的工具主义真理观。杜威认为各种理论"是工具，和一切工具一样，它的价值不在于它们本身，而在于它们所造就的结果中显现出来的功效"②。

在哲学领域，以威廉·詹姆斯、约翰·杜威为首的实用主义哲学大师为新形势下的新问题提供了一种全新的世界观，这种新的世界观表现在人们的思维必须随现实情况的变迁而不断变更，诚如杜威所说："一种哲学倘若放弃捍卫固定的实体、价值和理想，就会为自己寻找到一种新的事业。放弃绝对的、不变的实在和价值的寻求，也许看来像一种牺牲，可是，这种抛弃，正是开始承担一项具有更大活力的天职的条件。"③

自实用主义哲学诞生时起，美国诸多关注法律与社会现实关系的法学派都将其作为自己的理论基础。"到 1930 年，在法律现实主义所关注的范围内，美国法理学中的实用主义传统几乎是一个固定的内容"④，而

---

① [美] 威廉·詹姆士：《实用主义：一些旧思想方法的新名称》，陈羽纶、孙瑞禾译，商务印书馆 1979 年版，第 27、31 页。
② [美] 约翰·杜威：《哲学的改造》，许崇清译，商务印书馆 1997 年版，第 78 页。
③ [美] 约翰·麦奎利：《二十世纪宗教思想》，高师宁、何光沪译，上海人民出版社 1980 年版，第 217 页。
④ Julius Paul, *The Legal Realism of Jerome N. Frank: A Study of Fact-Skepticism and the Judicial Process*, Martinus Nijhoff, 1959, p. 66.

且法律现实主义者并未对此表示质疑,将其看作是审视法官裁决与真实世界之间关联的绝佳视角,弗兰克也不例外。"弗兰克无法忍受思想与行动的分离,即观念与行为的分离。他相信观念有因果关系。因此,他在实用主义最为清晰的意义上是一个实用主义者。"① 举例而言,弗兰克将实效看作是法律成立的标准,并将法律视为人们达致幸福生活的手段,毫无疑问这是一种典型的工具主义法律观。另外,弗兰克反对抽象同一性的存在,而主张案件的个殊性、差异性的做法也无不体现了其实用主义的立场。

(二) 历史观——视角主义

与弗兰克实用主义立场紧密相关的是他视角主义的历史观。在《命运与自由》一书的序言中,弗兰克便坦然承认这一点。"不像大多数专业的历史学家,我对历史的描述是一些'假设的故事'(just-so stories)。的确,它也可以被认为是,我的基本主张是所有的人类经验阐释都是'假设的故事',只是其中的一些比另外一些似乎更可信、更可欲、更有用。"② 也就是说,弗兰克所言的历史是指每一位历史研究者从各自的立场与角度出发而对历史作出的不同阐释,这些历史理论之间并不存在绝对的真理,而仅仅存在何者更为合理的问题。他还要求人们放弃自然科学意义上的"科学"与"规律"的含义,因为实际上并不存在这种意义上的"历史规律"。

按照视角主义的观点,一切知识都是视角性的,它们要依赖于观察者的立场、角度与观点而存在。对待历史,人们同样是带有各自的倾向性或言先入之见的,"随着时间的推移,发生在我们世界中的事

---

① Sidney M. Davis, "Jerome Frank: Portrait of a Personality", *the University of Chicago Law Review*, Vol. 24, 1957, p. 629.

② Jerome Frank, *Fate and Freedom: A Philosophy for Free Americans*, Simon and Schuster, 1945, preface.

件与变化完全决定于他们的前因的原则不是科学或者历史研究的结果，而是科学家和历史学家或者他们中有影响力的大部分人在解释他们的结果时倾向于使用的前设或假设。"① 就此，弗兰克认为人们要从两种最大的人类谬误中解放出来：一种是绝对论的谬误，另一种是人类自大的假定。两种谬误截然相反，前者否认所有人类自由的真实存在，人只能是无意识地依循着某种轨迹繁衍生息，人只是像木偶一样操纵在一种自身无法控制的更高层级的意志之下，人也因此不必为这种轨迹本身是否正当承担任何责任或作出任何判断。这种谬误也就成为人们逃避责任的借口；而后者则认为，人类可以完全自由引导自己的行动方向，并且绝对无误地趋向完美。人具有不被任何外在的事物所决定的自由意志，不存在任何支配性的神秘力量。在这种谬误的影响下，人不再是普通的、真实的人，而是成为具有无限能量的"超人"。在弗兰克看来，两种谬误的存在都是违背人类社会现实的，甚至让人都无法面对自身。

对弗兰克而言，历史从来不是人的戒律，也从来不决定他们的未来。历史有助于造就人的现在的选择。在历史设定的宽泛的范围内，人们可以自由地型塑和计划他们的命运。在对自己未来的选择中，个体拥有决定权。"我们美国人应该成为攻击传统习俗并且击溃那些幻象的人。我们想要像人，而不是像磁铁控制的铁屑一样，跳跃。"② 在这种历史观下，弗兰克认识到人具有创造力，相信人是自我命运的主宰者，人不能接受决定主义的完全逻辑。

弗兰克否弃了历史决定论，因为在他看来，世界的运行并不具有天生的必然性，并不墨守成规地遵循绝对的因果关系，整个世界到处都充

---

① Floyd N. House, "Book Review: Fate and Freedom", *the American Journal of Sociology*, Vol. 49, 1946, p. 84.

② Jerome Frank, *Fate and Freedom: A Philosophy for Free Americans*, Simon and Schuster, 1945, p. 173.

满了缺陷、不连续以及不协调。人类的自由有时只是一种可能性，只是一定程度上的真实自由。但是，弗兰克更加强调那些敢于自由思考的人的心智是自由产生的根源，因为从人类的发展史来看，人类不断地向文明前进不是通过向自然屈服，而是通过用人的意志来改变自然并且使它为人类工作而实现的。也就是说，弗兰克一方面认为由于受制于各种偶然因素，所以不可能存在普适的历史规律，即让人们在完全被决定的情况下无目的地行为是不可能的而且是不可行的；同时另一方面他又主张每个人的心智足以引导他在面对变动不居的事务时妥善处理并承担相应的后果。这种状况却是"美国信念中的基本悖论：面对我们局限时的谦卑与对我们的意志在通往善的生活的道路上能够促使我们前进的坚信之间的矛盾。有可能获得完美不能成为漠视不断改善人们命运目标的合理性证明"①。

面对历史，弗兰克最终强调的是目标设定对人类生活的影响以及对未来的指引。"人类有意识的且深思熟虑的目的在一定程度上影响过去，并且也能在一定程度上影响未来的形态。"② 同时，他另一与此相关的论点却足以让我们体会到他对人的理性能力的警惕——"人们计划获得某一目标的努力经常导致人们并未意图的结果，而这种结果正好与其意图截然对立"③。这种视角主义的历史观使弗兰克更加坚定了真理的客观性立场，尤其是影响了他对案件事实的各项主张。

（三）政治立场——民主政治

如果我们认可一位学者的政治立场将可能对其学术主张产生影响，

---

① Jerome Frank, *Fate and Freedom*: *A Philosophy for Free Americans*, Simon and Schuster, 1945, p. 337.

② Jerome Frank, *Fate and Freedom*: *A Philosophy for Free Americans*, Simon and Schuster, 1945, p. 16.

③ Jerome Frank, *Fate and Freedom*: *A Philosophy for Free Americans*, Simon and Schuster, 1945, p. 57.

那么对于弗兰克这位政治活动家而言，对其政治立场的分析则成为研究其思想不可或缺的一部分，甚至在一定意义上我们可以认为他的政治立场决定了其学术志趣。

在人类历史上，民主政治几乎是与人类文明同时产生的，但是迄今为止，学者们对于何谓民主政治的争论却从未停息。然而，所有的争论都不能动摇弗兰克对民主政治的信仰，因为在他那里，民主不能再单纯地从政治的角度理解为一种决策机制或选举程序，而应该更多地去考虑它的社会意义，它是一种普遍的生活方式，更是一种值得追求的道德理想。

弗兰克相信人是有缺陷的，人不可能拥有完美的终极知识，而民主政治似乎成为克服这一缺陷、促进人类文明的最佳选择。在深信民主政治可欲性的前提下，弗兰克认为下列因素是一个民主社会持久存续所不可或缺的——"多元文化；政府与个体公民之间达成妥协的意愿；由拥有最高品质并且致力于民主的人所管理的法治；公共政策的自由讨论；情感成熟的全体公民"[①]。

具体而言，笔者认为弗兰克坚持民主政治主要基于以下几方面的考虑。首先，个人的自由与平等是逻辑先定的。因此一方面人们能够运用自我决定的自由去切实维护自己的权利和利益，并且在自己选定的规则下生活；另一方面，每一个人的意见应该得到平等的对待，平等的地位是进一步磋商的基础。其次，个人的自由与平等的现实化。由于社会资源的有限性，每个充分展现自我的个人在利益之间难免发生异议与冲突，"我们相信一种成熟的民主政治的各种政策将更加合理并且拥有附加的道德价值……然而，为了使一种民主制度明智地选择暂时执行政策的人选，公民必须是有责任的、成熟的。"[②] 最后，弗兰克认为，"如果

[①] Walter E. Volkomer, *The Passionate Liberal*: *The Political and Legal Ideas of Jerome Frank*, Martinus Nijhoff, 1970, p. 123.

[②] Jerome Frank, "Self-Guardianship and Democracy", *the American Scholar*, Vol. 16, 1947, pp. 266-267.

我们不拒绝经验中的各种多样性，并且如果我们的宗教理想反映了每一个人心中对自我民主价值的多元化信仰，我们便可以合理地构想一个更民主的神，即一个有限定的神，它一直努力地在我们从宇宙中发现的过多的无组织的多样性之外，带来某类适当的且没有太多刚性的秩序。"①

除了上述几点之外，笔者认为弗兰克对民主政治坚定不移的更深层次的原因在于对边沁"最大幸福原则"的承认，即认为民主政治应该是有利于实现绝大多数人的幸福。所谓的"最大幸福原则"，即最大多数人的最大幸福，也就是说，个人要追求其自身的最大幸福；对于政府和整个社会来说应该追求最大多数人的最大幸福。弗兰克的个人潜能可以最大化以及每个人都有幸福一生的社会理想是与上述原则相一致的。

（四）心理学渊源——精神分析

关于弗兰克思想的心理学支撑，大多数研究者都有所涉及。弗兰克在不同的论述主题下分别使用弗洛伊德的精神分析理论、皮亚杰的儿童发展理论、行为主义心理学以及格式塔心理学等相关内容进行理论论证。对于其他理论笔者将在阐释具体问题时加以论述，在此特别将精神分析作为弗兰克思想的心理学渊源加以阐述。

之所以重点考察精神分析，笔者主要基于以下考虑：其一，弗兰克对弗洛伊德理论的研习，使得心理学理论成为其思想的重要基础。虽然弗兰克在《法与现代心智》第六次印刷序言中极力划清他与心理学的界限，但是他却从未改变从分析法官判决的心理过程入手的视角与论述进路；其二，弗兰克由于自身接受了精神分析治疗而发生的思想改变，在一定意义上影响了他对法官探求自我的建议。弗兰克认为任何有前途的

---

① Jerome Frank, *Fate and Freedom: A Philosophy for Free Americans*, Simon and Schuster, 1945, p. 210.

法官应该接受类似于精神分析的自我研究。通过这种自我研究不仅能意识到自己的偏见，而且还能意识到影响自身能力的因素，从而降低偏见的影响。

弗洛伊德的精神分析是20世纪最重要的学术思潮之一，相较其他传统心理学流派而言，弗洛伊德对心理生活的独特研究主要是揭示无意识，尤其是潜意识的存在及运行机制。弗洛伊德认为，人的心理包括意识和无意识现象，无意识现象又可以划分为前意识和潜意识。而潜意识则是心理深层的基础和人类活动的内驱力，它决定着人的全部有意识的生活，甚至包括个人和整个民族的命运。①

弗兰克对心理学以及弗洛伊德精神分析理论的兴趣开始于他在芝加哥大学的学生时代。正是对无意识存在的接受，弗兰克对于理性的作用始终保持警惕，并且强调无意识因素在人的行为中的决定性作用。弗兰克不像其他法律现实主义者，例如卢埃林，试图在官员的行为中探求真实规则的存在，他只是努力地告诉大家这些行为背后的内在驱动力，而无论这些因素是有意识的还是无意识的。

同时，弗兰克在将基本法律神话的根源归结为儿童的心智结构时，实质上也是认同了弗洛伊德所提出的儿童期经历对于每一个人心智结构形成的决定作用。而弗洛伊德的这一发现是通过对神经症病人病因的分析得出的，"通过探讨引起神经症之沉积的和潜隐的原因，我越来越频繁地看到病人身上性冲动与抵抗性欲之间的冲突。在致病的情境中，压抑性欲的情况已经开始，被压抑物的替代——症状已经出现。我在探讨这些情境时，被一步一步地带入病人过去的生活中，直至他的幼儿时期……结果我终于看到诗人和人类研究者们的一贯主张的正确性。他们认为，虽然幼年时代的大部分印象会被遗忘，但有些印象会在个人成长

---

① 参见车文博：《西方心理学史》，浙江教育出版社1998年版，第453—502页；叶浩生主编：《西方心理学的历史与体系》，人民教育出版社1998年版，第288—319页；叶浩生主编：《心理学史》，高等教育出版社2005年版，第169—197页。

的过程中留下深深的烙印，甚至会形成日后患神经性疾病的倾向。"① 自此，将对成人的心理研究追溯到他早期幼年的生活经历，也几乎成为弗洛伊德的一个典型的思想模式。从弗兰克的角度来说，他并不认为自己是一位弗洛伊德主义者，主要原因在于，他认为包括心理学在内的其他学科的先进理论都是他分析法律的有效工具。

综上所述，笔者认为上述四大理论渊源促成了弗兰克对其所处社会的基本判断——即构成社会的个人都是具有人类易错性的，社会也不再是完美与绝对的。在这一判断的基础上，弗兰克指出，作为社会调整器与人的制造物的法律不能仅仅是纸面的规则，不能与社会生活相脱节，法律的秉性也不再是确定与完善。问题不会因一时的遮蔽而永远消失，只有直面问题本身才有解决的可能。人为的剪裁只会使人们模糊事物的发展走向，进而阻却了对问题的讨论本身。"法律应该与国家的自然状态产生联系；与气候的冷、热、温度和宜人相关；还与土壤的品质、位置和面积相关；法律与诸如农夫、猎人或者牧民等各种人民的生活方式相关。法律必须与政体所能承受的自由度相适应；还要与居民的宗教、性癖、财富、人口、贸易风格以及言谈举止发生关系。"② 因而，弗兰克主张行动中的法，并将其法学的主题限定为事实上法院做了什么以及应该做什么。实质上，他更为关注的是具体的法院判决对公民的实际影响。在他那里，法律不再是单纯追求逻辑自洽的规则体，而是人们追求幸福的指引。

---

① [奥] 西格蒙德·弗洛伊德：《弗洛伊德自传》，顾闻译，上海人民出版社1987年版，第43—44页。
② [法] 孟德斯鸠：《论法的精神》（上），张雁深译，商务印书馆1997年版，第7页。

第二章 弗兰克的规则怀疑论思想

美国法律史学家霍维茨（Morton J. Horwitz）曾指出："所有的现实主义者共享一个基本的假定，即法律已经与现实不相往来。"① 正是因为现实主义者看到这一情形是一种有悖事实的谬误，他们便将法律与现实无涉这一命题作为批驳的对象来进一步展开理论阐释。因此，无论"现实主义"一词有多么独特的含义，它都试图揭示法律现实主义者所认为的只有现实中的法律才是真实的法律的思想。也就是说，法律现实主义开始关注现实生活中法律的实施与法官的行为，而且"成为'法与社会'研究运动以及关于法律现象的经验性研究的主要渊源"②。自此，法的本体发生了变革，从"法是逻辑严密的规则体"转变为"法是法官或法院的实际行为"，法律不再是一成不变的刻板条文，而需要在法与社会的互动中加以把握。法律现实主义者指出了在案件争议中所有法律都必然适用的司法过程中的现实。③ 弗兰克的法律现实主义思想在这一过程中经历了两个阶段——规则怀疑论与事实怀疑论，本章所讨论的重点集中于他的规则怀疑论思想上。

---

① Morton J. Horwitz, *The Transformation of American Law 1870 – 1960：The Crisis of Legal Orthodoxy*, Oxford University Press, 1993, p. 187.
② 季卫东:《从边缘到中心：二十世纪美国的"法与社会"研究运动》，"正来学堂"，http: // dzl. legaltheory. com. cn/info. asp? id = 8951, 2005 年 10 月 8 日。
③ 参见 [爱尔兰] J. M. 凯利:《西方法律思想简史》，王笑红译，法律出版社2002 年版，第346 页。

如果说法律现实主义正是在对传统法律观念进行变革的过程中作出了自身的智性努力，那么对法律形式主义的所有信条基本都表示怀疑的弗兰克，在一定程度上也必定是在对其进行批判的过程中逐步完善自身法律理论的。而法律现实主义为什么要以对兰代尔（C. C. Langdell）为代表的法律形式主义的批判为开端，卢埃林做出了解释，"'程式化风格'对于我们具有特别重要意义的原因在于，它描绘了一幅所有的现代思考都要参照的图景——用其后80或90年的说法来形容就是，'正统的意识形态'。"① 因此，在梳理弗兰克建构其法律现实主义思想之各种可能性的非理论本身的外部因素之后，在正式进入其理论本身之前，笔者讨论的一个首要问题就是弄清楚弗兰克是以何种角度、依据何种立场对法律形式主义进行了怎样的批判。

一、对法律形式主义②的质疑

兰代尔是哈佛法学院的首任院长，创立了案例教学法，也因此成为

---

① [美] 卡尔·卢埃林：《普通法传统》，陈绪刚等译，中国政法大学出版社2002年版，第41—42页。

② 笔者认为，还需要关注对法律形式主义的理解与批判中所发生的一系列变化。"兰代尔和他的追随者并没有提出'形式主义'的概念，可以说形式主义者并没有真正属于自己的概念定位，作为一种法律理论，它只存在于象霍姆斯、庞德、卢埃林、弗兰克这些批评者的反思当中。在某种意义上，形式主义作为一种系统的、内在一致的法律理论实际上是被反形式主义者有意识创造出来的。" Anthony J. Sebok, *Legal Positivism in American Jurisprudence*, Cambridge University Press, 1998, p. 57. "近一些年来，很多学者都已经指出，弗兰克、卢埃林等法律现实主义者在美国法理学中虚构了一个霍姆斯反抗兰代尔形式主义教义的神话，夸大了兰代尔法律学说的缺陷，甚至丑化兰代尔本人的形象，以此来反衬霍姆斯作为一个敢于反对法学院教条主义的叛逆英雄形象的伟大，从而为现实主义法律理论攫取了有利的合法性支持。"柯岚：《霍姆斯的司法哲学及其影响》，见邓正来主编《西方法律哲学家研究年刊》（总第1卷），北京大学出版社2006年版，第174页。"自20世纪80年代以来，更多的论者参与了反驳此前人们对兰代尔的评价，尤其是法律现实主义关于兰代尔的批判，他们认为在法律现实主义那里兰代尔被刻意地加以扭曲。"樊安：《美国法理学中的兰代尔——纪念兰代尔教授诞辰180周年》，见邓正来主编《西方法律哲学家研究年刊》（总第1卷），北京大学出版社2006年版，第257页。

美国现代法律教育模式的奠基者，同时也因为他假设了一个逻辑自洽、形式完美的法律体系的客观存在而成为法律形式主义的代名词，进而还成为法律现实主义批判的美国正统法律思想的典型。

兰代尔的核心学术思想是将法律视为科学，他相信法律人能像科学家那样去发现普遍存在的真理和绝对无误的原则，并且通过逻辑地适用这些"科学规律"来确保案件判决的正确性。而弗兰克对兰代尔的最重要批判之一就是否定了他将法律作为一门以法律客观性为基础的精确科学的观念。

通常认为，依循兰代尔的法律科学观，法律形式主义必然主张，法律思想可能、也应该是自主的、普遍形式的以及概念性的安排，强调法学概念的意义必须固定不变以及保持法律体系的逻辑严密性，同时对演绎逻辑的偏好导致了对原则、规则的重视，认为一切法律问题都可以通过对原则和规则严密的逻辑分析与演绎来解决，进而在法律实践中，主张立法必须统一、完备和明确，坚持成文法是法律的唯一渊源。简言之，在法律形式主义看来，只要有确定的事实，就一定能确定应适用的法律，从而得出一个正确的且唯一的判决，即只要建立一套完整、精密和恒定的规范体系，就能确保法律普遍、稳定和永久地存续下去。法律形式主义的核心论点就是，法律是理性的、确定的；判决的过程是机械的、演绎的过程，法律推理是自动的。由于法律理性足以为一个唯一的结果辩护，所以，在得出判决结论时根本不用诉诸非法律因素。[①]

依照兰代尔的制度设计，所有的法律纠纷都可以通过不容置疑的（即使是复杂的）法律推理得以解决。因为法律体系作为一种规则系统，在案件审判之前人们就可以从中发现可能被引出的每一个问题的明显的可适用的规则；并且每一个案件的司法判决只是涉及从适当的适用于给

---

① 参见陈锐：《法理学中的法律形式主义》，《西南政法大学学报》2004年第6期，第4页。

定事实的权威规则中推断当事人的权利和义务。体系中可能存在的唯一的疑惑就是哪一些权威规则适用于案件并最终解决纠纷。① 故而,法律形式主义在维持法律的稳定性方面有着天然的优势。它力图保持法律具有系统完整性与逻辑严密性的完美形象,不允许法律朝令夕改,一方面,通过相对稳定的法律规范建立起对自己行为法律后果的准确、合理的预期;另一方面,整个法律制度具备近乎完美的逻辑性、系统性将导致审理结果的一致,这使任何当事人不可能利用法律在不同地域的差异或法律规范在不同法律之间的矛盾牟取不正当利益,也使法官难以在发挥其主观判断力过程中徇私枉法,从而保证人们对法律的信任程度。按照这种理论,人们很容易知道在何种情形下自己的主张会得到支持,在何种情形下会因为自己的行为而接受惩罚和制裁,更为重要的是,人们相信依据这种理论会在相同情况下得到同等的对待,而这是公平的最好体现。

韦伯曾指出,"西方现代法律的理性化是两股同时起作用的力量的产物。一方面是资本主义的力量,它关心严格的刑事法与司法程序,倾向于使法律在一种可计算的方式下运作,最好就像一台机器。另一方面是专制主义国家权力的官吏理性主义的力量,它所关心的是系统地制订法典和使法律趋于一致,并主张将法律交由一个力争公平、各方均等之升迁机会的、受过合理训练的官僚体系来执行。只要这两股力量缺少其中之一,便无法产生现代的法律体系。"② 然而,法律形式主义是否仅仅在发生学的意义上对于法律体系的产生具有如此重要的作用?对其进行批判的法律现实主义是否可以摆脱这种发生学上的需求,来思考什么是法律的问题?

---

① See Edward J. Bloustein, "Logic and Legal Realism: The Realist as a Frustrated Idealist", *Cornell Law Quarterly*, Vol. 50, 1964, p. 24.

② [德] 马克斯·韦伯:《儒教与道教》,洪天富译,江苏人民出版社1995年版,第174—175页。

弗兰克深入批判了抽象规则体系建构的可能性，否认抽象理性可以反映法律真实，因为世界是丰富多样的，立法者的能力限度又使得法律体系无法真正做到十全十美，法律形式主义对概念和逻辑的强调在追求体系的严密性的过程中走向了极端，形成了对逻辑的崇拜，从而忽略了研究中的其他因素。也正是因为逻辑体系的过于严密，使得法律在应对新情况、新问题时，表现出僵化与迟钝。这也是法律形式主义深受批判的主要原因之一。对此，弗兰克指出："事实真相是，关于法律精确性的种种可能情况的普遍观念建基于一种错误的观念之上。法律在很大程度上曾经是、现在是、而且将继续是含混的和易变化的。"① 在他看来，坚持获得法律可预测性的最明显的努力就是将法律机械化，即将其压缩为公式，其中人的因素被当作同样的数学实体，当作等式两边可以同时化约的同类项。在这种努力下，法律被一劳永逸地确立；法律规则毫无偏差地运作，由此正义也必定是一致且坚定不移的。然而案件争议的个殊性却足以使得法律变得不确定即不可预测。②

如果说对法律确定性问题的重新思考为法律现实主义者批判法律形式主义提供了契机，那么正是法律是不确定的这一论断为弗兰克反叛美国正统法律思想提供了突破口。弗兰克从科学本身涵括可预测性出发，否认法律是一门科学，并且认为，法律本身并非是自足的，而且法律推理过程也并非仅由逻辑来支配。由于书本上的法律与行动中的法律之间，即纸面规则与现实规则之间，存在着巨大差距，抽象的法律规则并不能完全决定判决结果，因此，案件的判决过程中存在着的诸多不确定因素使得对法律的预测无从进行。而弗兰克规则怀疑论的提出就是从破除"基本法律神话"开始的。

---

① Jerome Frank, *Law and the Modern Mind*, Coward-McCann Publishers, 1936, pp. 5–6.
② See Jerome Frank, *Law and the Modern Mind*, Coward-McCann Publishers, 1936, pp. 118–147.

二、破除"基本法律神话"

弗兰克的一位重要的研究者保罗就曾指出:"一些论者一直以来坚持对崇拜法律规则以及对外行公众所认为规则可以提供法律的精确性和确定性的感觉展开批评。杰罗姆·弗兰克就是这一观点的最为杰出的代表,特别是在其开端之作——《法与现代心智》中。"① 而破除基本法律神话就是《法与现代心智》一书的主题。所谓的"基本的法律神话"就是指人类对于法律的确定性所抱有的一种不切实际的幻想;而与基本神话相生相伴、紧密相关的还有一个附属神话,即法官从不制定法律。下面笔者将对这两个神话展开具体的分析。

(一) 确定性神话

如上所述,按照美国传统法律观念,法律问题的解决应当像数学问题的答案一样确定和精确。但是,弗兰克却认为这种观念是由人们(包括法律人与外行人)并未充分认识法律本质上的易变性特征所导致的。他指出:"无论何时,在美国最高法院做出有关判决之前,'法律'确实是未定的。没有人知道法院究竟怎样判决。……在最高法院做出判决之前,谈论涉及某纠纷的既定法律,或这些当事人享有的既定法律权利,都是空话。"② 因此,弗兰克将这种认为法律具有确定性的看法归为人类的一种幻想,也就是他所谓的"基本的法律神话"。弗兰克指出:"法律的确定性只有在有限的程度上才能获得。目前人们对法律的准确性和可预见性的要求是不可能被满足的,因为很大程度上的法律终极性的某种追求已超出了人们可以获得、可以渴求的必要限度。如果

---

① Julius Paul, *The Legal Realism of Jerome N. Frank: A Study of Fact-Skepticism and the Judicial Process*, Martinus Nijhoff, 1959, p. 35.

② Jerome Frank, *Law and the Modern Mind*, Coward-McCann Publishers, 1936, pp. 49 – 50.

这种追求确实不可能达到,那么对法律稳定性的过分要求就不是来自实际需要的。它不是根源于现实,而是来源于对某些不现实东西的渴望。这就是说,广泛流传的那种认为法律是,或者可以在很大程度上被制定成稳定的、确定的看法是非理性的,应归结为一种幻想或神话。"①

然而产生这种神话的根源是什么呢?弗兰克认为,传统法律观念主张法律具有确定性和稳定性,这是一种脱离现实的幻想,是一种儿童的心理状态的反映,产生于儿童的"恋父"情结。儿童有一种要求安宁、舒适的渴望,寻求一个稳定、可靠的世界。这种要求只有通过他对万能父亲的信任与依赖才能实现。当儿童长大成人以后,其面对的世界是动荡不安、反复无常的,人们希望找到"父亲的替代品"来摆脱现实的不确定性和混乱。法律就是这种替代品,因为似乎只有法律才能在现代社会建立秩序,给人以确定性。因此,形成了一个基本的法律神话:法律是绝对确定的、万无一失的。弗兰克总结到:"这就是我们对基本法律神话的部分解释:在人们决定处理其面临各种问题(包括对待法律的态度)的方法时,显然,父子关系是一个重要的、无意识的决定性因素。"②

弗兰克一直提醒读者这仅仅是确定性神话的来源之一。在《法与现代心智》的附录中,他还列举了另外十四种解释:宗教、美学、职业习惯、经济、人类寻求安全和确定的本能、对和平与安静的实际利益、模仿、对习惯的热忱、惯性、懒惰和肉体疲劳、愚蠢智力结构、语言和词的魔力以及巴里-沃森(Barry-Watson)心理学。③但是,这十四种解释在弗兰克所谓的片面解释中都或多或少的有所涉及,尤其是宗教解释,他认为宗教同样是儿童所寻求的父亲的替代品,即儿童

---

① Jerome Frank, *Law and the Modern Mind*, Coward-McCann Publishers, 1936, pp. 11 - 12.
② Jerome Frank, *Law and the Modern Mind*, Coward-McCann Publishers, 1936, p. 18.
③ Jerome Frank, *Law and the Modern Mind*, Coward-McCann Publishers, 1936, p. 263.

心理是更为深层的原因，是"一个重要的、不自觉的决定因素"①。也就是说，在弗兰克看来，追求确定性是一种不成熟的心理状态，既然社会生活是复杂多变的，法律也同样应具有多样性的姿态，因为模糊的真实即为模糊。弗兰克的这种废除父亲权威至上性的做法看似新奇，却不是他的首创，因为早在洛克的《政府论》中就可以找到一些对父权论的批判踪迹。

如果按照有些学者所认为的，法律形式主义关于稳定的基本原则的诉求更有利于慰藉那些被变革与动荡吓坏了的人们的心灵，那么弗兰克似乎更应该去寻求一种类似于卢埃林的那种追求更大程度确定性的理论立场。但是他却偏偏选择了一种被人们认为是极端的做法，坚信法律的不确定性，并且认为"大多数法律的不确定性并非是不幸的偶然事件，因为它具有极大的社会价值"②。这种重大的社会价值就在于它可以适应社会的不断发展，保障人们不断变化的利益需求。在笔者看来，就弗兰克的理论发展而言，法律不确定性的立场提供了反思的余地和批判的向度，因为只有认识到这种不确定性，才可以把人们的注意力从"书本上的法律"转移到"现实中的法律"，才会看到逻辑之外其他诸如法官的行为和个性等因素在法律推理过程中所起到的作用，才能真实地关切法律，关注法律对人们生活的现实影响。

（二）附属神话

通过上文的分析，我们可以发掘出一个有关法律神话制造的系谱：儿童对于不确定性的恐惧产生了基本法律神话。而这种基本神话的本质就是法律是预先制定好的，是完全可以进行预测的。由此也就产生了一

---

① Jerome Frank, *Law and the Modern Mind*, Coward-McCann Publishers, 1936, p. 20.
② Jerome Frank, *Law and the Modern Mind*, Coward-McCann Publishers, 1936, p. 7.

个附属神话——法官从不制定法律①。按照弗兰克的设想,这种附属神话又是其他亚神话的起源。基于附属神话的关键性地位,笔者相信在此对其加以讨论是我们理解弗兰克法律现实主义理论所必需的。

弗兰克指出:"如果一个人有强烈的需求相信类似精确的法律预测性的可能性,他会发现司法立法的不可容忍并且试图否认它的存在。因此产生了法官没有权力改变现存的法律或制定法律的神话:它是下述主观需求的直接结果,即相信存在一个稳定的、几乎不可改变的法律世界——实际上,是一个孩子的世界。"② 在这种观念下,法律是一套完整的规则体。立法机关是唯一被授权制定与改变规则的机关。法官不能改变和制定规则,能做的仅仅是适用规则。法律先于司法判决而存在。法官仅仅是法律的"有生命的传谕者"。他们仅仅是"逼真的法律"。他们的功能完全是消极的。他们仅仅是"宣告法律的嘴"。法官没有制定和创造新的法律就像哥伦布没有制造和发明美洲一样。司法意见是"法律是什么"的证据,充其量是最好的证据,但仅此而已。

这种传统观念在形式上很好地维持了法律的一致性,但是却带来了一个更为严峻的问题,如果缺乏法官造法的空间,普通法的产生与发展如何成为可能。事实上,许多衡平法规则的产生已经表明了法官所拥有的法律创制权。而弗兰克坚信"法官制定并且改变法律"③ 主要原因仍

---

① 按照当下对司法过程的通常理解,在普通法系的国家,法官在处理案件的过程中所创制的法律被称为判例法,它区别于由立法机关依照一定的立法程序创制的制定法,并且在最初的意义上,判例法才是真正的法。在此种意义上,法官确实制定或修改着法律。司法立法权的存在已被认为是一种得到最广泛接受的观点。但是,在普通法发展过程中的很长时间内,更多的学者主张法官在司法过程中只是"发现"法律。就美国而言,在立国之初就接受了普通法,19世纪20年代掀起的法典化运动对英国式的判例制度产生了重创,但是兰代尔试图以判例构筑一个一般性的理论的做法,使得法官的判决只能遵从先例和已经存在的法律,削弱了法官造法的能动性。由此可见,恰恰是法律现实主义的不同立场引导了我们目前的普遍观点。

② Jerome Frank, *Law and the Modern Mind*, Coward-McCann Publishers, 1936, p. 35.

③ Jerome Frank, *Law and the Modern Mind*, Coward-McCann Publishers, 1936, p. 33.

是他所强调的法律与现实生活的相关性。整个司法过程是抽象法律规则与具体现实世界的各种事物和人们发生直接联系。在每一个诉讼案件中,法官必须考虑具体当事人的不同情况,适用于适当的法律规则,最终作出公正的司法判决。而这一过程势必要求法官的积极能动性。

在弗兰克看来,人们不愿意承认法官制定或改变法律,实质上是因为一旦承认就意味着承认案件当事人的权利与义务会被溯及既往的决定,即"假如我在实施同一行为时,因为该行为会引起的日后诉讼,我所了解的法律也会被审理该案的法官改变,那么法律的可预见性显然是不可能的。由此导致的结果就是我的案件依据在我行动时并不存在的法律进行了判决,并且我对于该法律在行动时也不曾知道、预见或依赖"①。避免法律溯及力的理由在于假定人们行为时对相关法律是了解的,但是事实并非如此。在更多的情形下,人们行为时并不知晓或注意所谓的法律规则。"法官不创制法律的学说根本不是对实践需求的回应。它似乎是渴望一个不存在且不可获得的法律定局——而它可以被归为一种隐匿的却又强有力的努力,而这种努力就是试图重获法律中儿童对父亲品质的观念。"②

任何解释都不能成为人们漠视现实的借口。对弗兰克而言,破除神话对人们的桎梏在另一层面上可以帮助人们摆脱它所带来的各种不利的后果③——被欺骗的公众开始不信任法官,不尊重他们的司法意见,并且开始控告他们的不诚实、腐败以及篡权等行为;自欺的法官开始运用语言来掩盖他们改变旧有法律规则的事实,并且作为后果,将法律虚构误作法律真理,清晰的法律思维遥不可及,存在的只有思想的混淆与困惑。

---

① Jerome Frank, *Law and the Modern Mind*, Coward-McCann Publishers, 1936, pp. 34 – 35.

② Jerome Frank, *Law and the Modern Mind*, Coward-McCann Publishers, 1936, p. 36.

③ See Jerome Frank, *Law and the Modern Mind*, Coward-McCann Publishers, 1936, pp. 36 – 37.

三、规则怀疑论的建构

在对两种法律神话的解析过程中,我们获知了弗兰克法律理论的否定性主张——否认法律具有确定性,反对法官仅仅作为法律的适用者,但是他究竟在何种意义上破除了法律神话,他的基本理论立场又是什么?他的思想内涵又包含哪些必备要素?在破除神话之后,弗兰克试图为人们展现何种法律图景?所有这些问题都要求我们进入他的理论建构过程之中来加以阐释。

(一) 一般人理论

无论是质疑法律是否具有确定性,还是思考法官是否创制法律,其中都有一个始终绕不开的问题,即何种性质的法律才是弗兰克所谓的真正的法律。弗兰克指出:"当大多数法律人否认法官制定法律时,充满活力的少数人现实主义地断言法官制定法律。但是法官何时制定法律呢?这个问题的解答使得少数派又分成两组人。"[①] 他们分别以格雷(John Chipman Gray)和霍姆斯为代表。格雷认为,法律是由指导法院制定判决的各种规则所组成的;所有这类规则都是法律;法院不适用的行为规则都不是法律。也就是说,当法官制定或改变规则时,他们就在制定法律。与格雷不同,霍姆斯所认为的法律是指对法院实际做什么的预测。弗兰克认为,霍姆斯与格雷的不同之处在于,前者视判决本身为法律,而后者的法律就是法院用于做出判决所使用的法律规则。如果人们认可法律是由判决构成的,那么法官在做出判决时他就是在制定法律。由此,弗兰克所要得出的结论就是,法官的判决才是现实的、真正的法律。

[①] Jerome Frank, *Law and the Modern Mind*, Coward-McCann Publishers, 1936, p. 121.

弗兰克继承了霍姆斯的预测理论，只是在他看来，就任何具体情况而言，法律或者是（1）实际的法律，即关于这一情况的一个已做出的判决；或者是（2）可能的法律，即关于一个未来判决的预测。① 由此，霍姆斯的法律在弗兰克那里仅仅是可能的法律。但是，弗兰克还依旧从抽象规则与现实生活的脱节出发提出法律的一般人（the average man）理论。一般人理论事实上就是指在外行眼中法律究竟意味着什么，即"对任何具体的外行人来说，法院针对具体案件做出的判决只要影响了特定的当事人，那么便是法律。只有当法院针对案件事实做出了判决，在这个问题上法律才是存在的。在做出判决之前，唯一可以利用的法律就是律师发表的与当事人和案件事实有关的法律意见。这种意见实际上不是法律，而仅仅是对法院将如何判决的猜测"②。弗兰克法的定义的核心就在于判决对案件当事人已经发生了影响。

在弗兰克眼中，普通人在行为时对于抽象规则仅有模糊的印象，甚至不关心法院在过去对类似案件的判决，而真正关心的是那些他们牵涉其中的诉讼案件将如何判决。也就是说，弗兰克认为真正的法律是要从经验的层面和结果的角度来界定的，传统法律观念中那种寻求抽象一般性原则的做法是有违法律的实践本性的。这关涉到他所界定的法律之所以为法律的根本——法的现实性，他将法律的实效作为法律成立的构成要件，将司法判决对当事人的实际影响作为区分法与非法的唯一标准。就此，他指出："对普通人（the ordinary human being）而言，这种绝对主义的法律是毫无意义的。普通人真正感兴趣的是在法院里所发生的事情。法院的判决直接影响到他的生命和财产。超出人类经验，在天上的法律对于徒步旅行者来说，毫无价值。"③ 依据上述分析，我们可以看出弗兰克所谓的法律的不确定性不是指法律规则的不确定性，而是指作为

---

① Jerome Frank, *Law and the Modern Mind*, Coward-McCann Publishers, 1936, p. 47.
② Jerome Frank, *Law and the Modern Mind*, Coward-McCann Publishers, 1936, p. 46.
③ Jerome Frank, *Law and the Modern Mind*, Coward-McCann Publishers, 1936, p. 55.

法律的司法判决的不可预测性。

当然，弗兰克并不排除一般的法律规则的存在，只是这种法律规则并不是真实的法律，也不可能必然带来判决结果的一致性。也就是说，他并未质疑法律规则的必要性，而是质疑其对判决结果的可能影响。弗兰克认为："规则涉及的是关于法律的东西，而不是法律。因为法律是在具体的案件中已经发生或将要发生的事情……法律规则则是为了作出预测以简便的形式对过去案件的信息进行汇编的智力发明，或者被定义为关于法官将如何判决案件、即法院在判决这些规则可适用的案件中需权衡的事项的一般化陈述。"① "但是，伴随着不幸的很少的例外，法官们未能看到，在某种意义上，所有的法律规则、原则、律令、概念和标准——所有的法律的一般化的陈述——都是假设。在将它们适用于任何简明的事实陈述时，人们必须以一种真实意识来对待它们的未言明的限制，即它们纯粹的'可使用的'特征。如果没有意识到它们的人为特性，它们就变成了有害的信条"②，于是这些一般化的陈述将在司法过程中被重塑。而且这也是许多学者为什么认为弗兰克在进行《法与现代心智》的写作以及之后的一段时间内，仅仅是规则怀疑论者，而非事实怀疑论者的一个基本的出发点。

从弗兰克的法的定义中，我们可以清晰地看到他与霍姆斯之间的惊人的相似之处，但是他为什么要从一般人的角度，而不直接使用坏人的角度，去考察法律呢？他的一般人，或称普通人，与霍姆斯的坏人有区别吗？因此，弄清楚霍姆斯坏人的涵义就成为我们讨论这个问题的前提。

在笔者看来，坏人至少包括以下几层含义：首先，坏人会根据自己的经验来趋利避害，计算自己的利益得失。在这个层面上坏人与好人并

---

① Jerome Frank, *Law and the Modern Mind*, Coward-McCann Publishers, 1936, p. 276.
② Jerome Frank, *Law and the Modern Mind*, Coward-McCann Publishers, 1936, p. 167.

无实质性的差别，都是想方设法避免与公共权力发生冲突；其次，坏人是不受良知约束的人，不信奉任何道德规则。这也是笔者看来霍姆斯提出坏人的根本意义之所在，"坏人只关心某种知识能够使他预测到的实际结果，而好人要在模糊的良知约束下为其行为寻求理由，而不论这种理由是在法律之中还是在法律之外。"① 在这种区分下，便不存在任何绝对的、先验的权利义务，进而将法律与道德相分离。有学者认为："霍姆斯相信，在最重要的意义上，普通人就是'坏人'。更准确地说，他相信，人们一般是以利己主义的方式行动的，这是他们希望以权力达到他们自己目标的最后手段。"② 在笔者看来，在这种描述中，坏人充其量是谋求私利的人，那么在区分你我的情形下，普通人的确是坏人。这是在一般意义上来讨论普通人与坏人的关系。具体到霍姆斯与弗兰克各自的理论中，在第一层含义上，普通人与坏人仍然是一致的。二者的区分主要停留在第二层含义上。弗兰克的普通人就是生活在社会群体中的常人，他要受到各种社会规范的影响，包括法律的、道德的、习俗的等一系列规范。因此，在弗兰克的一般人理论中并不能像霍姆斯那样明确地区分法律与道德。也正是在这种意义上，笔者赞同霍姆斯的预测理论与其坏人视角相分离。

从弗兰克的一般人理论出发，法官并不是作为"超人"而存在的，那么在判决案件的过程中，一方面法官要进行理性分析，另一方面一些非理性因素如情绪、性格等也都会对判决起作用，甚至是主要作用。这也就涉及弗兰克的一个重要的理论支撑——弗洛伊德的精神分析心理学。弗洛伊德的精神分析心理学主要研究潜意识、情欲动机、人格等深层心理动力问题。在弗兰克那里，主要表现为强调法官人格对于判决结果的重要影响，强调一些未意识到的因素的诸多作用。毋庸置疑，无论

---

① Oliver Wendell Holmes, "The Path of the Law", *Harvard Law Review*, Vol. 10, 1897, p. 459.
② [美] 斯蒂文·J. 伯顿主编：《法律的道路及其影响——小奥利弗·温德尔·霍姆斯的遗产》，张芝梅等译，北京大学出版社 2005 年版，第 211 页。

一般人还是法官,我们首先要直面自身的能力限度与理性限度。人类没有能力制定出一个永远无懈可击的法律规则体系,同样我们的理性分析也不能完美地解释所有的人类行为。但是,在弗兰克的法律推理过程中,这种潜意识的心理动力又在多大程度上决定着人的行为?为此,我们必须进入他的另一理论——结论先行论来一探究竟。

(二)结论先行论

在以法律规则为核心的法学理论中,三段论的演绎推理成为法律推理的主导形式。法律形式主义的模式就是这种主张的典范。"根据这一思路,一项法律规范被解释为一项一般性前提,该项前提区分出一类事实情况并为该类事实的案件提供一定的法律后果。"① 那么,在法律规定明确、事实完全清楚且满足了法律规定的构成要件的情形下,三段论就可以确保从上述前提中推断出来的无懈可击的逻辑结论。因此,希望自己的判决拥有"客观性"的法官,总是尽力适用三段论去确保案件的公正性。弗兰克认为,只有在理论层面法官的判决过程才是一个三段论推理的过程,而司法实践的过程则是遵循人类最基本的思维方式,即结论先行。并且,三段论推理所提供的仅仅是一种逻辑结构,而对于大小前提的确定则无能为力。既然规则和事实均由法官进行选择,那么三段论推理的形式严密性并不能必然地保证判决的公正。

对于法律推理过程,弗兰克有其与众不同的理论。他认为,在实际的审判中,决定判决内容的既不是法律规范也不是逻辑更不是概念,而是"跟着感觉走",即先跟着感觉大胆地得出结论,然后到法律规则和学说中去小心求证,因此作为判决的法律是无法预测的。

对于这种"结论先行论",弗兰克从律师和法官两方面进行了论证。

---

① Vincent Wellman, "Practical Reasoning and Judicial Justification: Toward an Adequate Theory", *University of Colorado Law Review*, Vol. 57, 1985, p. 67.

首先，对律师而言，这种理论的存在是显而易见的。因为律师作为当事人的代理人必须从确保其委托人胜诉的结论出发来组织事实与适用法律，并且努力说服法官去相信他的论证。而对于法官而言，这一理论似乎很难接受，因此也就成为弗兰克论述的重点。

在诉讼过程中，法官的地位是中立的，他不需要从任何一方的利益出发来进行辨识案件，因此弗兰克对于法官的论述并未从结果出发，而是从过程来思考。他相信，虽然法官受过专业训练，进行过案例学习，但他们依然像普通人一样作出判断。也就是说，在法官那里法律推理过程与普通人作出判断的过程至少在方式上是相同的。弗兰克指出，心理学理论认为，人们的判断过程很少是"大前提—小前提—结论"，人们的判断通常不是先从前提开始后到结论，而是先形成一个模糊的结论，然后从这个结论出发，试图找到证实结论的前提。换句话说，这种三段论的推理模式很少适用于司法判决过程，即便适用了，也只是极少数的法律职业人士的专利，而非一般人的思维模式。但是，法官并不会因为披上法衣就有了一种与常人不同的人为的推理方法，法官的判决在多数情况下是从暂时形成的结论开始的。法官与律师最大的区别在于，律师的出发点在于为一方当事人的利益，而法官则是为了公正地解决纠纷。

这种结论先行的司法判决过程导致法官的主观状态，例如个性、心理素质以及无意识因素，对案件的判决结果具有十分重要的意义。为了证实判决结果的正确性与可靠性，在进行论证的过程中，法官的主观选择与价值判断将隐含于法律规则与事实之中，也就是说，法律的判决没有足以依赖的法律规则，而且也不可能以客观事实为根据，规则与事实的确定性也就无从谈起。假如说这一解释仅仅是冠以心理学的名称，实质上却是实用主义哲学的做法的话，那么要使法律成为实现社会目的的手段，最简便的方法大概就是把法律变成法官论证事先已形成的结论的工具。[1]

---

[1] 参见张宏生、汪静姗：《略论美国现实主义法学》，《国外法学》1983年第1期，第61页。

那么，法官在判决之前的结论从何而来呢？弗兰克认可了哈奇森关于判决过程的论述，即"法官通过感觉而不是判断，即通过预感而不是通过推理、那种只出现在判决中的推理，真正地进行判决"①。而如何获得预感则成为解决问题的关键。弗兰克认为，无数的各种刺激作用于法官的个性，从而形成判决，即为：S(stimulus) × P(personality) = D(decision)。② 这种预感是多种因素刺激的结果，除法律规则之外，还有政治、经济或道德的偏见以及其他各种错综复杂的因素。它们对判决的影响程度因法官的个性而定。弗兰克同时认为："如果法官的个性是司法中的中枢因素，那么法律就可能要随依碰巧审理某一具体案件的法官的个性而变化。"③这也是弗兰克从心理学来讨论法理学问题的重要根据之一。

显而易见的是，虽然弗兰克在《法与现代心智》第六次印刷序言中拒绝承认自己是一位行为主义心理学的信奉者，但是无论如何我们也不能否认他的这一论断与新行为主义心理学家托尔曼的体现行为解释原则的刺激—机体—反应（S-O-R）模式的一致性，同时托尔曼将中间变量机体视作行为的实际决定因素的理论创新也与弗兰克将法官个性视作司法中的中枢因素的巨大努力不谋而合。需要额外提及的是，弗兰克对于规则怀疑论的批评在很大程度上借鉴了托尔曼对于华生行为主义的批判。④

然而，问题的关键并不是单纯发现弗兰克的心理学立场，而是进一步探究他采取这种学术立场对于其理论建构所具有的意义以及这种立场可能带来的理论局限。法官的个人经历和社会环境决定了法官在判决中的倾向性，法官自己都没有认识到的潜意识、预感或直觉在判决过程中

---

① Jerome Frank, *Law and the Modern Mind*, Coward-McCann Publishers, 1936, pp. 103-104.
② See Jerome Frank, "What Courts Do in Fact", *Illinois Law Review*, Vol. 26, 1932, p. 655.
③ Jerome Frank, *Law and the Modern Mind*, Coward-McCann Publishers, 1936, p. 111.
④ See Jerome Frank, *Courts on Trial: Myth and Reality in American Justice*, Princeton University Press, 1963, pp. 159-160.

起着决定作用。弗兰克将问题的关键限定在主观色彩浓厚的法官个性之上,一方面有利于他在规则怀疑与事实怀疑之间进行毫无障碍的转换。从更深层面来讲,弗兰克认为抽象理性推理并不能使人们清晰地认知世界,惟有经验才能切实地把握真实。

那么,直觉在判决过程中究竟能起到什么作用呢?弗兰克的直觉又是何种性质的反应呢,是在职业技能保障下还是依凭普通的社会常识作出的呢?在弗兰克看来,所谓人人都拥有的理性是一种假象,因为与它相对应的事物千姿百态,它甚至可能被弯曲、伸展以及适应于任何偏见和任何方式。在法官的判决过程中,正是他自己并不密切地注意的潜意识,并不注意的各种偏好,或者偶然的本能,促使他在各种不同或相似的东西中做出选择,甚至是支配着他作出某种选择。尽管法律原则和规则经常进入法官的视野,但是它们充其量仅仅是产生判决的一种刺激,司法判决的真正理由通常是法官的直觉。

对此,有学者指出:"如果缺乏职业素养,甚至对法律的一般概念和范畴都未能全面把握,仅凭普通人的道德感和社会常识,直觉就难免出错。现实主义者正是忽视了这一点,而神秘化了司法过程中的直觉判断。这种错误的根源就在于把法律推理这种人为理性等同于普通的常识理性,这就好像把武林高手无招胜有招的绝顶修为同庄稼汉胡抡草叉的瞎把式相提并论,把作曲家的神来之笔同唱歌走调的人对别人歌曲的随意篡改相提并论一样荒谬。"[①] 虽然柯岚并未明确指出是针对弗兰克相关理论进行批判的,但是在笔者看来,这种针对性可以从以下两点进行考虑:其一,该学者有将现实主义思想弗兰克化的倾向;其二,也是更为重要的,该学者所针对哈钦森法官的论述是弗兰克相关论证的重要理论来源。

---

① 柯岚:《霍姆斯的司法哲学及其影响》,见邓正来主编《西方法律哲学家研究年刊》(总第1卷),北京大学出版社2006年版,第178页。

然而，从弗兰克的理论出发，笔者认为这一批判是站不住脚的。首先，弗兰克并不否认法官的教育、种族、阶层、经济、政治、习俗等各种背景的影响，相反，它们全部都是形成法官判决的可能因素，只是在这些因素形成法官有关"公共政策"的观点或者主张诸如此类的相关立场的过程中，他们的某种个人体验可能会左右这种选择；其次，弗兰克从未否弃一般法律规则在判决过程的重要作用，也从未否弃过职业训练对法官能力提高的必要性，但是却不会仅仅因为穿上一件黑色长袍并且宣誓作为一位法官，一个人不再是人并且不再有任何嗜好，即变成一部无情感的思考机器。具体而言，该学者批评的是法官与常人在专业问题上思维能力的差异，而弗兰克所强调的是法官与常人思维方式的一致性。弗兰克强调思维方式一致性的重要目的是要摆脱由职业化所可能带来的神秘性。

（三）成熟心智的获得

从上述分析，我们推论出法律的不确定性原因可以从两方面考虑：一方面在于法律内容的不确定，这就造成了法律规则无法为法官提供统一、确定的指引；另一方面在于法律推理的不确定，即法官的裁判过程或者受到各种社会因素的影响或者受到其人格特质的影响，从而致使判决结果在相当程度上呈现出多样化[1]。虽然如此，弗兰克并未像其他学者那样去弥补漏洞，恢复法律确定性的神圣形象，而是认为法律的不确定性是不可回避的法律本性，也是现代心智所能观察到的、并且应该勇于面对的法律属性。

弗兰克认为从幻想中解放出来是走向法律现实主义的第一步，"现代文明要求一种不受父亲管束的心智……现代心智是一种无孩子气情感

---

[1] Brian Leiter, "American Legal Realism", In *The Blackwell Guide to Philosophy of Law and Legal Theory*, W. Edmundson & M. Golding (ed.), Blackwell, 2003, p. 4.

障碍的心智，即成熟的心智。法律如果要适应现代文明的需要，就必须使自己适应现代心智。它必须停止体现一种反对变革的哲学。它一定要公开承认是实用主义的。为此目的，就必须承认和消灭儿童对父亲万能这种恐惧和崇拜心理，这种恐惧与崇拜是防止变化的强大的阻碍。"[1] 这种成熟的心智意味着司法过程中的人们可以真实地面对法律的本性，无论是确定的还是不确定的，都不去逃避、不去寻找替代品、不进行自我欺骗，而是讲究实际地推动法律过程的运作。因此，在弗兰克的理论中法官不能再是消极的法律发现者、适用者，而要成为法律的创造者。

在这一时期，弗兰克的主题就是通过寻求一种符合现代文明要求的心智，摆脱儿童般对父亲权威的需求，从而破除"基本法律神话"。的确，成熟心智的获得可以使人们从心理需求上摆脱对确定性神话的依赖，但是，此时的确定性神话仅仅指称的是他所谓的"规则崇拜"，即规则对所有的适用情况而言是确定的、不容置疑的，因为它是人们行为正确与否的标准。在这种观念下，规则成立的原因在于它是脱离任何具体情境的相对客观的一般化的形式。在适用规则的过程中，严格的三段论推理又保证了抽象规则具体化后与一般形式的一致性。从而规则成为法律确定性的最佳保证。但是，从弗兰克的法律定义可以看出，作为法律其必要条件是发生了实际的效力，抽象的规则体系只能是法律的渊源，进而法律规则只是法官作出判决的众多刺激的一种而不是唯一的因素。

阿诺德指出："作为一位法官，弗兰克只有唯一的不合格。他缺少目标的狭窄性，即将法律作为一个独立的学科的先见，也就是排除法律中的社会和经济的因素，而这种做法将法律从日常世界移除并且使法律成为抽象非人格正义的深刻且重要的象征。"并且，在他看来，"这一理

---

[1] Jerome Frank, *Law and the Modern Mind*, Coward-McCann Publishers, 1936, p. 252.

想是将自由社会联系在一起的结合物。通过已确立先例的富有启发的适用揭示了他的原则的司法理想，戏剧化地表现了在人之上存在法律规则的重要观念。在此意义上，法律是普遍存在的。这是一个不能获得的理想，但是如果人们不向它奋斗，法律就会失去它的道德力量。"① 实质上，由于法律规则本身并不能为人们的遵守提供充足的理由，人们认为其所具有的可能的指引性仅仅是一种理论上的假定。而弗兰克之所以强调法律规则仅对某一单个案件的有效性，并不是否认其具有这种指引作用，而是认为这种一般性的指引事实上是不存在的。

因此，弗兰克并不排除一般的法律规则的存在，只是怀疑在具体案件中，法律规则的适用是否能导致人们预期的法院判决，法律规则本身是否可以提供人们需要遵守的理由。进而，弗兰克认为只存在针对个殊性案件的法律。"无论如何，在美国情境中，谈论任何先在的法律显然都有荒谬之虞。杰罗姆·弗兰克认为这一洞见之于法理学的革命性意义犹如某些划时代的描述之于自然科学的意义：正如哥白尼使人们放弃宇宙地球中心说，而接受太阳中心说一样，霍姆斯的坏人意图迟早会使一切有头脑的人承认，法律世界的中心不在于规则，而在于法院在具体诉讼中作出的具体判决（即，判断、命令和决定）。"②

但是，庞德却认为，这种观点是"对个殊化判决的狂热的崇拜"③。对于其中涉及的司法的性质问题，弗兰克却给出了不同的解答，"我们

---

① Thurman Arnold, "Judge Jerome Frank", *the University of Chicago Law Review*, Vol. 24, 1957, pp. 633 – 634.
② ［爱尔兰］J. M. 凯利：《西方法律思想简史》，王笑红译，法律出版社 2002 年版，第 348 页。
③ Pound, "How Far Are We Attaining a New Measure of Values in Twentieth-Century Juristic Thought", *West Virginia Law Review*, Vol. 42, 1936, p. 89, 转引自［美］埃德加·博登海默：《法理学：法律哲学与法律方法》，邓正来译，中国政法大学出版社 2004 年版，第 166 页。

声称将司法非人格化。然而，我们的法院却将它人格化。"① 所谓的人格化司法（personal justice），用弗兰克所引用的阿尔及尔（Alger）的论述，是指"单纯或主要依赖于法官心中随着法官道德品质变化而变动的人格化的正当概念"，并且这种人格化司法的要求是"人类灵魂中的一种本能"。② 紧接着，他又指出，"为了使司法尽可能公正地运行，问题不是我们是否应该进行如此的人格化，而是我们是否应该将其公之于众。"③ 换一种说法，就是"问题不是法官是否应该行使自由裁量以及个殊化的权力。唯一的问题是这些权力是否将被有意识地且巧妙地行使"。④ 其中最为关键的就是，对于司法权的行使，弗兰克最终所意图揭示的是在整个过程中隐而不现却实质上发挥支配作用的因素。

弗兰克认为在一个动态社会里，法律的制定者不仅制定不出包罗万象、永恒不变的成文法典，即使是制定出来了，所有的社会生活也不可能与其一一对应，完全屈从于规则的设置而采取一种"程式化"模式来运作。法律是生活经验的总结，但却是对过去纠纷解决的记载。即使不考虑记载过程可能出现的问题，过去的法律是否能适用于今天的案件，是否仍能产生正义的结果，在新的判决结果出来之前，人们所能拥有的仅仅是可能性。正如休谟所言，经验建立在过去的生活经历基础之上，它是否适用于将来所发生事实，只具有或然性。即使像"一切人都要死"和"太阳明天将升起"等这样一些基于过去经验得出的规律性的结论，也都是或然性的。⑤

---

① Jerome Frank, *Courts on Trial: Myth and Reality in American Justice*, Princeton University Press, 1963, p. 409.
② Jerome Frank, *Courts on Trial: Myth and Reality in American Justice*, Princeton University Press, 1963, p. 408.
③ Jerome Frank, *Courts on Trial: Myth and Reality in American Justice*, Princeton University Press, 1963, p. 409.
④ Jerome Frank, *Law and the Modern Mind*, Coward-McCann Publishers, 1936, p. 362.
⑤ 参见［英］大卫·休谟：《人类理解研究》，关文运译，商务印书馆1957年版，第53页。

戴维斯（Sidney M. Davis）曾指出："弗兰克经常谈及司法心智的人性缺陷，但同样例证了人类心智的司法裁判能力。他敏锐地感觉到所有将他和普通人相联系的东西，因为他有着敏感的超人品质。他将周围的世界看作人类实践多样性的世界，并且人性的任何事情对于他都不是不同的。"① 弗兰克从一般人的视角出发，对法律规则持有一种立基于司法过程的事实效力观，认为法律规则只有通过适用才能具有真实的效力。尤其是，在为法官争取立法权的问题上凸显了弗兰克试图通过行使对法律规则的改变权来改变案件判决的结果。由此可以看出，无论弗兰克关注何种形态的法律，他依然是一个"规则怀疑论者"。弗兰克在其《法律和现代心智》一书中"揭示了审判过程的真实面目，该书或许是关于美国法律的最出色的著作之一……法官、警察、检察官和其他的裁决制造者们行使着自由裁量权，因而过滤着相互竞逐的法律、公正和程序方面的概念，并且操控着日复一日的法律结果，弗兰克的著作在法律理论和法律实践之间增添了一条关键的纽带"②。

虽然在卢埃林看来，法律的不确定性是因语言表达的法律范畴与它们所表述的背后现象之间缺乏一致性而造成的，但是实质上他们都是对法律规则在司法判决中所能起到的作用表示怀疑。"毫无疑问，弗兰克与卢埃林一样都对法律规则表示怀疑。"③

---

① Sidney M. Davis, "Jerome Frank: Portrait of a Personality", *the University of Chicago Law Review*, Vol. 24, 1957, p. 627.
② [美] 约翰·博西格诺等：《法律之门：法律过程导论》，邓子滨译，华夏出版社2002年版，第26页。
③ Gray J. Aichele, *Legal Realism and Twentieth-Century American Jurisprudence*, Garland Publishing, Inc., 1990, p. 68.

第三章 弗兰克的事实怀疑论思想

对于司法过程,人们一般认为由两部分组成:其一,确定法律争议的案件事实;其二,针对案件事实适用正确的规则。在整个三段论推理过程中,案件事实的形成似乎是不言而喻的,它仅仅是司法判决形成的一个环节,从来不作为一个需要质疑的问题而被考虑。然而,正当卢埃林等规则怀疑论者开始在规则背后寻找真实的基础时,弗兰克却将大多数案件限定为有争议的案件,认为对于案件事实的确定对判决的形成尤显重要,事实怀疑论在一定意义上也成为他批评规则怀疑论者将法律不确定性归结在法律规则之上而无视案件事实可能带来的更大程度上的不确定性的理据。"因为'事实'仅仅是法官认为是的东西,判决会随着法官对事实的理解而变动。也就是说,在我们所谓的'有争议的'案件中,规则并不产生判决的一致性,而仅仅产生包含规则的那部分意见的一致性。"① 弗兰克自己也承认过去没有对上级法院和初审法院的工作加以明确区分,但是作为一名事实怀疑论者,其核心思想就在于对初审法院确定的事实表示怀疑。②

规则怀疑论与事实怀疑论的区分,最早是由弗兰克在《法与现代心

---

① Jerome Frank, *Law and the Modern Mind*, Gloucester: Peter Smith, 1970, preface to sixth printing.
② Julius Paul, *The Legal Realism of Jerome N. Frank: A Study of Fact-Skepticism and the Judicial Process*, Martinus Nijhoff, 1959, p. 124, note 3.

智》第六次印刷的序言中针对一些批评者将现实主义者视为一个同质的学派的误解而提出的。他认为，在两派之间存在着明显的不同①：以卢埃林为代表的"规则怀疑论者"，致力于更大的法律确定性，即认为在书面规则的背后可以发现一些描述实际司法行为一致性与恒常性的真实规则，并且那些真实规则将用作更可靠的预测工具，对未来诉讼结果产生大量的行之有效的可预测性，因此律师应该能够在大多数还未开始的诉讼中向当事人预测判决；事实怀疑论者认为，无论正式法律规则多么简明或精确，无论在那些正式规则背后可以发现多么大的一致性，然而，因为判决依赖的各种事实的难以掌握，在大部分（不是所有）还未提起的诉讼或还未开始审判的诉讼中，预测未来的判决是不可能的，并将一直是不可能的。自此，人们开始将规则怀疑论与事实怀疑论的立场对立起来，却忽视了弗兰克的另一主张，即事实怀疑论者首先是一个规则怀疑论者，他们也通过规则怀疑主义来洞见"书面规则"，并且与规则怀疑论者一起，促使法官对影响上级法院判决而法院司法意见又未给予关注的各种因素进行关注。

弗兰克从规则怀疑转向事实怀疑的根据，就在于他认为无论规则如何简明清晰，也无论规则背后的支撑多么一致，其适用的基础都是案件事实，事实的不确定性才是导致法律不确定性的核心要素，并且实际地左右法律规则的适用。这也是规则怀疑论与事实怀疑论争论的焦点。因此，对于规则怀疑论的批判不能单纯地看作是弗兰克作为法律现实主义中事实怀疑论者对另一支派的攻击，实质上也是其自身理论发展的一个激烈的斗争过程。因此，在这一部分笔者将从弗兰克对规则怀疑论的质疑开始，把握他向事实怀疑论的转变过程，进而对其事实怀疑论思想加以阐释。

---

① Jerome Frank, *Law and the Modern Mind*, Peter Smith, 1970, preface to sixth printing.

一、对规则怀疑论的质疑

弗兰克认为，通常状态下人们认为法律规则是法院判决最核心的要素，并且可以就法律规则的问题达成一致，因此一旦案件事实得以确立，判决结果自然而然地就会形成。也就是说，在传统法学观念中，法律规则的一致性必然带来案件判决的相似性。也正因为如此，迷信规则（rule-obsessed）的人们相信，当相关的法律规则是清晰和确定的时候，大多数人是不会提起诉讼的。但是，他们却忽视了案件事实的认定对于法律判决可能产生的影响，而案件事实是不同诉讼区分的关键。

弗兰克提出，"一般来说，保证判决遵从外行人的'合理预期'是法院的功能。但是，如果法律规则遵从该预期，而由于裁决事实中的错误，这个案件的判决却没有遵从该预期，外行人会认为法院履行其义务了吗？"① 因此，当案件的实际事实并没有确定之前，案件判决的正确与否、公正与否都是无从获知的。无论是由于错误的法律规则适用于正确的案件事实，还是正确的法律规则适用于错误的案件事实，都会导致判决结果的不公正，进而，当事人的生活都会因此受到不利的影响。就此，弗兰克提出，正义的基本信条应该是，实质相似的案件应经常地根据相同的法律规则以相同的方式作出判决；而实质不同的案件应根据不同的法律规则以不同的方式作出判决。也就是说，案件事实在实质上型塑着法律规则。但是，在认为规则设定社会生活模式的人那里，因具体情形的独特性而改变法律内容的做法是不可想象的，甚至是大错特错的。

显而易见的是，案件事实并不像法律规则设定的那样整齐划一，案件的判决也不可能单纯由法律规则决定。因此，在论证法律的确定性和

---

① Jerome Frank, "Cardozo and the Upper-Court Myth", *Law and Contemporary Problems*, Vol. 13, 1948, p. 381.

可预测性时，仅仅讨论规则的确定性以及对法院将会适用什么规则进行预测的确定性而拒绝涉及案件事实是极具误导性的。以实体法律规则体现的社会政策为例，其得以实现的重要前提就在于法院对案件事实的正确裁决。如果将那一规则适用于错误理解的但实际上并未存在过的事实，公正的司法判决将荡然无存，社会政策的实现更无从谈起。同时，"因为在绝大多数案件中，大多数规则是已经确定的并且精确的，律师很少花力气来预见法院将会适用何种法律规则……唯一的问题就是事实问题。"① 也就是说，在弗兰克看来，像规则怀疑论者那样试图"在律师和法官们的操作性技术之中、在一些特定判例的事实之中以及在'现实生活规范'之中，发现'法律确定性'一些其它的道具"②，并不足以使人们摆脱法律不确定性的危机。因为如果没有初审法院对案件事实的裁决，法律规则就无法适用，所以在几乎所有的案件中，案件事实与法律规则是同等重要的；对于特定法律诉讼的当事人来说，事实裁定的重要意义更自不待言。因此，无论是对个案的公正审理而言，还是从社会整体出发，公正地裁决事实都具有重要的意义。

弗兰克曾指出，在传统法学观念下，人们对司法过程的描述严重夸大了法律的确定性程度并且导致了对律师在特定诉讼中预测判决能力的过高估计。原因在于：一方面，法律并不像人们所认为的规则体那样确定无疑；另一方面，无论这些规则或原则是多么的确定，由于案件事实不能预先确定，法律的确定性同样无法保证。"因此，法律规则不足以控制初审法院，即使那些规则被尽职地适用。你不能控制这种法院，除非你也能控制他们的事实调查。但是，你通常是不能这样的。因为事实

---

① Jerome Frank, "Short of Sickness and Death: A Study of Moral Responsibility in Legal Criticism", *New York University Law Review*, Vol. 26, 1951, p. 545, p. 555.
② 刘剑：《追求一种现实的法律确定性——简评卡尔·卢埃林〈美国判例法体系〉》，见邓正来主编《西方法律哲学家研究年刊》（总第 1 卷），北京大学出版社 2006 年版，第 332—333 页。

调查的过程完全是太主观的并且相应的太难以捉摸。它是难以控制的。拒绝承认这种难以控制构成了现代法律戏法（legal magic）。它源自于一种'被欺骗的希望'。"① 是何种希望让人们无视这种如此清晰明了的社会现实？驻步于规则怀疑论的学者是何种意义上的法律现实主义者？事实怀疑论者的立场是比规则怀疑论者更贴近于现实，还是走向了另一个极端？然而，所有这些问题的解答同样也需要从对神话的剖析开始。

二、破除"上级法院神话"

就审级制度而言，美国兼采两审终审制与三审终审制，但以两审终审为原则，三审终审为例外或补充，联邦法院系统和州法院系统原则上实行两审终审制，当事人可以上诉一次，限于审查第一审判决适用法律有无错误。二次上诉是例外，只有少数涉及联邦法律问题的案件，经过严格的批准手续以后，才能经二次上诉，提交联邦最高法院审理。② 由于上诉程序与初审程序在职能划分上有着重大区别，初审法院的职责主要是裁决案件事实问题并保障正确适用法律，上诉法院则是裁定法律问题并承担在各州统一创制判例的职能。由于规则怀疑论者单纯关注法律规则的适用问题，因此他们几乎完全集中于对上级法院（the upper-court）③ 的司法意见的预测之上，而冷落了初审法院。并且，在大多数

---

① Jerome Frank, *Courts on Trial: Myth and Reality in American Justice*, Princeton University Press, 1963, p. 61.
② 参见陈光中主编:《外国刑事诉讼程序比较研究》，法律出版社 1988 年版，第 259 页。
③ the upper-court 之所以翻译为上级法院，原因有二：其一，在美国庞杂的司法体系中，并没有某个或某些法院的名称与其相对应，为避免混淆或冲突，笔者认为不宜选择已有词条例如上诉法院作为它的中文表述；其二，鉴于弗兰克认为初审法院与上级法院的相同之处是将规则适用于案件事实，而最大区别在于初审法官对案件事实具有裁定权，故而，笔者建议翻译为"上级法院"来指称那些位阶高于初审法院但依据初审法院的事实裁定来判决案件的法院。

情形中,这些怀疑论者并未告知读者他们主要论述上级法院,从而导致了人们误将上级法院的工作当作整个司法体系所要实现的职能。因此,弗兰克认为司法公正的前提是面对司法现实,而面对司法现实就必须摆脱"上级法院神话"的束缚。

(一) 司法体系的上级化

上级法院神话是指由于缺乏关注初审的各项事实,认为上级法院是法院系统核心的观念,这种观念促成了初审法官是否受到良好的职业训练、是否诚实都不重要等类似的错误观念。而在相当大的程度上,这种神话源自于两方面的错误观念:其一,经上级法院监督,法律规则控制判决;其二,上级法院可以纠正初审法官关于案件事实的错误。[1] 具体而言,一方面,他们相信法律不确定性的主要原因在于规则的不确定性,因此如果法律规则——或者是隐藏在"纸面规则背后"的真实规则——是完全清晰且简洁的,对于未来判决的困惑则在很大程度上就被消灭了。这种误解在批判规则怀疑论时已经进行了讨论。另一方面,则是有关案件事实裁定方面的认识,这也是在此要重点讨论的。

在弗兰克看来,批驳司法体系的上级化的最直接的原因就是大多数案件不会被提起上诉,在这种情形下初审法院的事实调查从一开始就决定了大多数案件的判决结果。规则怀疑论者将法律不公正的原因归结为法律规则以及规则的适用之上,并且认为在法律体系中上级法院扮演着重要角色。而弗兰克认为判决的不公正更多的是由于事实调查过程中所出现的错误,因为无论规则如何重要,它始终要具体地适用于案件事实,而上级法院仅仅单纯考虑规则的适用问题,所以上级法院远不及初

---

[1] Jerome Frank, *Courts on Trial: Myth and Reality in American Justice*, Princeton University Press, 1963, pp. 222-223.

审法院在法律体系中的作用重要。"即对于大多数卷入诉讼的人们来说，初审法院所做的事情比上级法院的工作具有更为深远的意义。不仅因为占压倒性多数的判决并没有得以上诉，而且在大多数相对较少的得到上诉的判决中——很可能每年不多于百分之六的案件——上诉法院将初审法院对事实的认定视作是最终的裁决。"① 因此，从诉讼过程而言，上诉案件的比例直接反映了上级法院获得修改案件事实认定的机会是微乎其微的。

就上诉情况而言，初审法院有关事实认定的错误也不可能被上级法院所改正。"因为在涉及口头证据的案件中，初审法院听着并看着证人作证，而上级法院并不如此。上级法院仅仅有证据的录入的或印刷的记录。初审法院单独处于阐释行为线索（demeanor-clues）——'没有语词的语言'——的位置。"② 即使当初审法院错误地将一个诚实但未精确描述的证人或一个撒谎证人的口头证据当作真实的证据而误解了真实的事实，并且依据这个不真实的、基于假设的案件事实作出判决，上级法院也很少能发现这个错误而且可能更倾向于如此。因为它远离真实事实，面对的仅仅是证据的无生命的书面报告，甚至对证人的行为一无所知，所以在通常状态下，在上诉案件中上级法院不得不认可并采纳初审法院对案件事实的调查与描述，并在此基础上进行案件审理，而并不改变初审法院对于事实的裁决。

规则怀疑论者试图通过在上级法院的行为以及书面意见中找出司法一致性，但是他们却从不承认他们并没有针对初审法院及其事实裁量权。在弗兰克看来，这种方式致使规则怀疑论者在无形中将司法体系上级化，忽视了司法体系中最核心、最基础的部分，进而使得他们自己以

---

① Jerome Frank, "Cardozo and the Upper-Court Myth", *Law and Contemporary Problems*, the Patent System, Vol. 13, 1948, p. 374.

② Jerome Frank, *Courts on Trial: Myth and Reality in American Justice*, Princeton University Press, 1963, p. 23.

及法律的外行人生活在"上级法院神话"之中而不能面对现实。也就是说,这些规则怀疑论者不是对司法判决进行预测,而是当初审法院判决被上诉时,对上级法院如何判决作出精确猜想而寻求手段的,初审法院的审判过程完全不在他们的考虑之中。

为什么初审法院对于事实怀疑论者如此重要呢?如前所述,从职能划分来讲,上级法院是不对案件事实加以审理的。即使关注,也不可能摆脱初审法院认定的直接关涉案件的事实。显而易见,司法判决并不能脱离案件事实而独立地存在于法律规则之中。这一主张可以被视作事实怀疑论者关注初审法院的整体性制度背景,但这并不足以说明初审法院在司法系统中的核心地位对于事实怀疑论者的重要意义。

实际上,弗兰克打破人们忽视初审法院的僵局并赋予它核心地位的根本理据在于初审法院所拥有的事实裁量权及其基础性作用。"正如在大多数案件中,初审法院对于选择这些事实——即,去选择相信一个而不是另一个证人——有一种不可控制的权力(自由裁量权)。这些法院,而不是上级法院,在整个司法系统(court-house government)中扮演了主要角色。"① 并且,"由于事实调查是一项主观活动,无论法律规则是法官制定的还是立法制定的,这些规则以及它们所体现的社会政策都是由初审法院法官或陪审团的个人主观反映所支配的。因此,作为这些不可避免的个人因素产物的初审法院的事实调查,以法院系统也许最重要的因素呈现出来。"②

就此,弗兰克才可能认为,事实怀疑论者比规则怀疑论者走得更远些。因为他们不仅注意到法官适用法律规则的责任,更重要的是揭示了初审法院应该承担尽可能的确定诉讼争议中实际事实的更重大的责任,也就是说,初审法院的事实调查才是司法活动的中心,初审法

---

① Jerome Frank, *Law and the Modern Mind*, Peter Smith, 1970, preface to sixth printing.
② Jerome Frank, *Courts on Trial: Myth and Reality in American Justice*, Princeton University Press, 1963, p. 327.

院才是整个司法系统的枢纽。"初审法院的事实调查是司法职能中最麻烦的部分。正是在那里,法院系统最不令人满意。正是在那里,大多数相当大数量的司法不公正出现。也正是那里,最需要改革。"① 真正的司法改革者不应仅仅停留在上级法院,而应该从初审法院的事实调查开始。

(二) 遵循先例原则

遵循先例原则是判例法体系的基本原理,其主要的功能就在于确保法律的确定性。而弗兰克无论是对"规则"的怀疑还是对"事实"的怀疑,其最核心的问题始终都是质疑法律确定性获得的可能性问题。因而作为美国判例法体系根基的遵循先例原则也必然受到弗兰克的诘难。之所以要在对事实怀疑论阐释的过程中检视遵循先例原则,是因为这一原则的实质在于遵循先前案件中的法律,而遵循的基础却是案件事实的一致性或相似性。另外,在美国,由于初审法院是事实审法院,大量使用陪审团审判,而陪审团审判是不说明判决理由的,因此,陪审团做出的判决不属于判例。初审法院法官单独审理案件则需要阐明理由,应属于判例范畴,但是由于在美国,事实审法院的判决意见是不公开的,所以,只有上级法院的判决才具有判例的效果。因此,从这个意义上讲,遵循先例原则也具有一种上级化的倾向。

在弗兰克看来,"可以为什么解释遵循先例原则对于猜测法院将如何判决只有有限意义的原因有很多。但是,最主要的原因是,在一个诉讼开始之前,法律人从对先例的研究中,并不能知晓下列内容:(1)事实的问题是否会提起,如果会,那么(2)会引入何种相冲突的证据,并且(3)审理这一案件的法官或陪审团对于相互冲突的证据会作出何

---

① Jerome Frank, *Courts on Trial*: *Myth and Reality in American Justice*, Princeton University Press, 1963, p. 4.

种反应。"①

按照通常的理解，所谓先例是指司法判决，即它们是高等法院先前的判决。这些判决被认为包含了一个原则，这个原则可被看作是规定性的或限制性的，即可以在后来的案件中被作为法律渊源而使用。②而遵循先例原则就是指先前的法院判决对于之后的相类似案件具有约束力。遵循先例原则要求"同样情况同等对待"，即对于相同的案件事实适用相同的法律规则，进而确保当前案件的判决结果同先前案件的判决结果是相同的。由此，我们可以作出以下两点推论：其一，遵循先例的基础是存在相同的案件事实；其二，所谓遵循先例并非遵循先例本身，而是遵循先例所确立的法律规则的约束力。

针对上述两点推论，在弗兰克看来遵循先例原则的适用至少在下述两个方面存在缺陷。就案件事实而言，每一个诉讼案件所涉及的事实都是独一无二的，法官对案件事实的反应也是不尽相同的，每一场诉讼都是个殊化的过程，因而也就不存在必须得出特定结果的先例。法官不应该为了确保规则的一般化而牺牲案件事实的独特性。对于诉讼而言，最为关键的问题不是寻求法律规则的一致性而是查明案件事实，做出公正的判决。弗兰克作为事实怀疑论者主张遵循先例经常产生确定性只是一个幻想，主要不是因为规则的不稳定性，而是因为——即使所有的规则都是不容置疑地清晰和确定，即使法院总是照搬遵循先例——由初审法院裁决的事实经常不会被预见到。

对于法律规则的持续约束力的问题，弗兰克从遵循先例原则与法律确定性的关系入手进行了讨论。他认为，遵循先例是指遵守判决并且不打乱已确立的事情，即无论法律规则多么荒谬、不明智或者不公正，一

---

① Jerome Frank, "Why Not a Clinical Lawyer-School?", *University Pennsylvania Law Review*, Vol. 81, 1933, p. 912.
② 参见[英]戴维·M.沃克:《牛津法律大辞典》，邓正来等译，光明日报出版社1998年版，第708页。

旦被法院所宣告，显而易见的是，法院不必改变它，也就是不可能完全改变它，而必须无休止地继续适用直到立法机关通过制定法改变。遵循先例原则的本质是当一个问题一旦已经被司法考虑并回答，在相同问题再次发生的所有后续案件中它必须以相同的方式被解决。① 也就是说，"为了先例的目的，一个案件仅仅意味着法官在任何后来的案件中认为它所意指的东西。任何案件仅仅对一个经过深思熟虑判定它是权威的法官而言是一个权威的先例。"②

就这一问题，笔者认为，我们必须注意弗兰克讨论问题的前提，即已有法律只对单个案件有效。换句话说，某一案件的法律是法官对它做出的判决，而对于其他尚未开始的案件而言，它并不是法律，即使这一判决对其他法官产生影响。其他案件的法律同样是该案法官对于案件做出的判决。并不存在任何可直接遵循的旧有规则，一切规则只是作出规则的可能选择的理由，但决不能是判决本身。

如何保证对先例的遵循可以带来公正的结果并且适应社会的变化呢？弗兰克认为法官们通常采取下列三种变换了形式的间接方式来维持先例原则③：第一，"辨别"或者"精确的问题"方法。法院经常认为在之前的案件中他们所作出的判决必须被限制在该案的"精确问题"之上，而这种精确问题可以保证一个案件的特性与其他案件足够相似并进行类推，以至于区别可以忽略不计；并且在不同的或者相互竞争的类推之间法官可以进行自由的选择。第二，口头的稳定性。旧有的法律规则得以维持，但是在这些语词中注入新的意义。实际上，旧的规则变成了

---

① See Jerome Frank, *Courts on Trial: Myth and Reality in American Justice*, Princeton University Press, 1963, pp. 266 – 267.

② Jerome Frank, *Courts on Trial: Myth and Reality in American Justice*, Princeton University Press, 1963, p. 279.

③ Jerome Frank, *Courts on Trial: Myth and Reality in American Justice*, Princeton University Press, 1963, pp. 275 – 280.

新的规则，所保留的仅仅是语词的稳定性。第三，"判决理由"方法。法院经常认为案件的权威部分并不是判决或判决所依赖的规则，而是判决与规则背后的所谓"判决理由"，即案件判决所依赖的正当原则。这种判决理由通常是一致的，但弗兰克同样认为其只能是后来者从先前判决中所作出的推断，而非先前判决理由本身。虽然如此，弗兰克仍然认为遵循先例原则并不能保证确定性。

更为关键的是，"遵循先例原则似乎意味着确定性比正义更重要"①这一判决，在弗兰克看来是不能成立的。他认为，正义，尤其是具体案件所产生的正义，对于诉讼当事人而言最为重要，也最为可欲。因此，法律规则只有有限的意义，而遵循先例原则同样也只是具有有限意义的学说。换句话说，弗兰克反对的是规则被按部就班地适用，而并非是规则的适当适用，相应地，遵循先例的前提必须是保证案件判决结果的公正性。

三、事实怀疑论的建构

如果说弗兰克在早期规则怀疑论阶段更多的是一种破坏性的攻击，那么他在事实怀疑论阶段除了继续以一种愤世嫉俗的态度来帮助人们摆脱对上级法院神话的信奉之外，更多的是以一种建构性的进路来不断完善初审法院的事实调查。在凯恩（Edmond Cahn）看来，"弗兰克在坚持认为各种确定过去事件事实的司法方法是极其不可靠和不确定的同时，一直致力于下述两个非常具有建设性的目标：其一，将错误和不确定性减少到程序改革可能减少的程度；其二，警告我们不要过高地依赖关于

---

① Jerome Frank, *Courts on Trial: Myth and Reality in American Justice*, Princeton University Press, 1963, p. 267.

事实的陪审团裁决以及其他裁决。"① 而弗兰克对于司法过程的完善最终落脚于他所提出的十三点改革方案之上。其具体内容如下②：

1. 克服现在初审中对抗法的过分作法。

（1）使政府负责监督民事初审案件所有实践上可得到的证据的提出。

（2）初审法官在审查证人方面应起积极作用。

（3）法院在审核证人方面应更为人道和明智。

（4）使用由法官召集的中立的"作证专家"，以证实证人的可察觉的易错性；谨慎地使用"测谎仪"。

（5）放弃大部分"排除在外的证据规则"。

（6）向刑事案件的被告提供开明的审判前事实调查。

2. 改革法律教育，主要利用学徒式教学法使法律教学与法庭和法律部门的现实密切结合。

3. 提供并要求对未来的初审法官的专门教育，这种教育包括由每一位可能的初审法官进行的透彻的心理上的自我探究。

4. 提供并要求对未来的检察官的专门教育，在其他事务中强调检察官有责任获得并提出所有重要证据，包括有利于被告的证据。

5. 提供并要求对警察的专门教育，以至于他们将不愿使用"刑讯逼供"手段。

6. 法官不穿法衣，较为自在地进行审理，一般地说，放弃"法衣主义"。

7. 要求所有案件初审法官公布具体的事实调查。

8. 除重大刑事案件外，放弃陪审制审理。

---

① Edmond Cahn, "Introduction", in Barbara Frank Kristein (ed.), *A Man's Reach: The Philosophy of Judge Jerome Frank*, Greenwood Press, 1977, p. 13.

② Jerome Frank, *Courts on Trial: Myth and Reality in American Justice*, Princeton University Press, 1963, pp. 422–423.

9. 无论如何,当使用陪审制,至少应对它进行彻底检查。

(1) 要求在一切陪审审理中有事实裁决（专门裁决）。

(2) 使用见闻广的专门陪审官。

(3) 在学校中进行陪审工作教育。

10. 鼓励初审法官公开地揭露法律诉讼的个殊化；为此目的要修改大部分法律规则,以至于公开授予初审法官个殊化的权力,而不是像现在大部分情况下秘密地完成个殊化。

11. 克服上诉的形式主义,上级法院审理案件时容许该案件初审法官出席,但无表决权。

12. 拍摄初审的有声影片。

13. 使非法律人认识到初审法院比上级法院更为重要。

这十三点改革方案是国内对弗兰克的相关介绍中普遍给予关注的一部分内容。然而,颇为遗憾的是,如果仅仅孤立地来看待弗兰克的这一方案,完全无视他整体性法律思想的来龙去脉,就难免会对其基本理论立场产生误解,并且会认为它对我们的司法改革毫无助益,甚至是与我们的法治理念相冲突的。事实上,《初审法院》一书可以说是弗兰克关于初审阶段整个司法过程（courthouse government）的详尽阐释。凯恩在导言中就明确告诫读者,仅将《初审法院》看作法院改革的计划,就忽视了本书的主要价值,在法律体系内以事实怀疑论的批判视角来重新审视许多已建立的社会政策是一项挑战。①

毫无疑问,弗兰克事实怀疑论的立论基础就是他主张的案件事实的确定对判决结果的决定性作用。然而这一主张是否是弗兰克的标志性论断,有学者提出异议,"形式主义者并不认为法律裁决是独立于案件事实的,没有人会否认事实的定性在裁决过程中的决定性作用,形式主义

---

① See Edmond Cahn, "Introduction", in Jerome Frank, *Courts on Trial: Myth and Reality in American Justice*, Princeton University Press, 1963, p. 9.

司法理论只是没有涉及这个问题,而是把事实的定性作为其理论的不言自明的前提。"① 在笔者看来,两者区别的关键就在于事实的定性是否可以成为不言自明的前提而安然接受。下面,笔者就将通过具体解读事实怀疑论的具体内容,来展现弗兰克对事实认定过程可能涉及的各种因素所进行的分析。

(一) 三维的法律世界

弗兰克认为规则怀疑论者生活在人为的二维的法律世界,而事实怀疑论者则生活在三维的法律世界,因此规则怀疑论者并不能看到而且也不能想到许多出现在事实怀疑论者三维法律世界中的事件。就笔者目前的阅读范围来看,弗兰克并未对二维或三维法律世界进行具体的阐释。但是我们可以从他的相关论述得知,所谓的二维法律世界就是指单独由规则与司法判决构成的法律世界。正是在这种意义上,规则怀疑论者与传统法学家的观念是一致的,二者的区别仅仅在于规则的类型不同而已。而事实怀疑论者所面对的是由规则、事实及判决构成的三维法律世界。面对的不同法律世界是他们各自论证的不同出发点,正是事实维度的加入使事实怀疑论者在根本上区别于规则怀疑论者,成为法学传统的真正的反叛者。这也是弗兰克始终强调法律现实主义并非一个同质的法学派的根本原因。

在《初审法院》中,弗兰克对此进行了修正,提出了四维的法律世界。"我较早的时候提出,大部分法律思维是二维的,对'调查'案件'事实'的初审法院过程的考虑要求三维的法律思维。或许这一建议应该进行修改。物理学家认为区分空间与时间是人为的。使用时空的观念,他们将空间作为第四维度。以相同的方式,如果我们考虑初审法院

---

① See David Lyons, "Legal Formalism and Instrumentalism: A Pathological Study", in David Lyons (ed.), *Moral Aspects of Legal Theory*, 1993, pp. 48 – 49.

的格式塔，我们也许应该将它视作法律的第四维，这不仅需要智性的而且需要艺术的洞察力。"①

在弗兰克看来，将预测的主要障碍单纯地归结为法律规则或者案件事实的做法都是过分简单化的，更准确地说，是程式化的、理想化的，因为实际的情况要复杂得多。真实的诉讼过程并不像理论中表述的那样，事实与规则可以被明确地界分，而是两者始终交织于法官的思维之中。"因为初审法院对相互冲突的口头证据的反应，经常不是从规则与事实的完美区分开始的，而是从未解析的、未分化的合成反应开始的——一种'预感'或未解析的'格式塔'（一个'整体'）开始的。因此有足够的理由相信陪审团在达成裁决时并未超出这种合成的（或格式塔的）反应。"② 而这种合成的反应是对所谓的社会力量、法律规则及其他未发现的事物的反映。但是，所发现的事实永远不能与过去实际上发生的事实相同的问题却仍然存在。

（二）建构性的案件事实

毫无疑问，案件事实是弗兰克事实怀疑论的逻辑出发点。他不仅对规则的作用产生怀疑，而且也对初审法院事实的裁定表示出了极大的怀疑。他认为，对于判决而言，在法律规则之外还存在事实，就像强调在水中氢和氧同时存在一样，但是他却并不因此认为法律规则是无用的。然而，为什么一直隐而不现的案件事实会在弗兰克这里成为问题？在弗兰克之前，法律规则可以在不适用于案件事实时就发挥作用吗？就此，笔者认为我们必须对案件事实加以分析。

一提到案件事实，大多数人都会立刻想到在案件当事人之间实际发

---

① Jerome Frank, *Courts on Trial: Myth and Reality in American Justice*, Princeton University Press, 1963, pp. 182 – 183.

② Jerome Frank, "Short of Sickness and Death: A Study of Moral Responsibility in Legal Criticism", *New York University Law Review*, Vol. 26, 1951, p. 595.

生的纠纷本身。从公正的角度来讲，人们相信真实的事实能够带来公正的判决结论，从而保证真正权利人的权益可以实现，但是，就案件事实的实际证明程度而言，证明案件事实与实际发生的真实情况的一致性，在现实中是不可能的。因此，试图通过发现客观真实来保证案件的公正性也是不可行的。弗兰克就此精辟地分析了案件的实际事实（actual facts）和"调查的"事实（the facts as "found"）之间的差异及其可能对判决产生的影响，并在此基础上提出了一种关于事实主观猜测说的理论。

弗兰克认为，限于人的有限能力，真实事实是难以重新获得的。案件事实并不是过去实际发生的事实，也不是固定不变的客观数据，更不是发生于法庭之外的与法官毫无干系的社会事件。"什么是事实？是否就是甲和乙之间过去实际发生的事情？肯定绝对不是。充其量这种事实不过是初审法院——初审法官或陪审官认为发生过的事情。"① 案件事实是法官对过去发生的事情所作出的推测，而且有些猜测是建基于不可信的证据之上，因此，案件的判决将随着法官对事实的主观理解而变动。弗兰克指出："不能注意到这一事实，部分是由于对'历史'一词的两种意义的混淆：它意指真实发生的事件；它还意指在后来的某一时间对那些事件的谈论与想法。"②

案件事实的裁决过程是一个历史认知的过程。过去所发生的事情，仅仅是人们依据现存的迹象所作出的推断。"过去绝不是一件历史学家通过知觉就可以从经验上加以领会的给定事实。……他（历史学家）十分清楚地知道，他对过去唯一可能的知识乃是转手的或推论的或间接

---

① Jerome Frank, *Courts on Trial: Myth and Reality in American justice*, Princeton University Press, 1963, p. 15.
② Jerome Frank, "The Place of the Expert in a Democratic Society", in Barbara Frank Kristein (ed.), *A Man's Reach: The Philosophy of Judge Jerome Frank*, Greenwood Press, 1977, p. 28.

的。"① 初审法官就像一个试图"重构"过去的历史学家，不断地推进对事实的把握，但是却始终不能知晓案件的绝对真实。事实调查的最根本的困难在于试图发掘过去的事实来建构真理。因此，法律人也应该像历史学家一样勇于承认通过司法过程调查的案件事实的主观性和猜测性。司法的事实调查是不完美的，它是司法过程中最薄弱的环节。"过去是现在的事实，即对我们现在的希望、挫折和绝望的现实反应。对我们而言，过去不是它出现时所是的东西；它是我们现在使之成为的东西。"② 弗兰克指出："我们建构了许多我们称为事实的阐述。当我们谈及蛮性或刚性事实时，我们仅仅意指那些并非人所制造的但却是所有人'不得不接受'的核心部分。但是，由于我们事实的大部分最初是人造的并且可以被人所改变，因而较为适当的说法是，在下述意义上事实是主观的——即事实包括了人类所作出的选择并且人类本质上限制于他们的领悟力，即他们不可能知道宇宙中正在发生的所有的事情。在另一种意义上，任何个人的事实也是主观的：为了变得客观，事实必须被足够多的其他人所接受。"③ 因此，我们可以从事实的一般意义上的论述推论出，弗兰克接受了这样一个假设，即无论作为观测者的我们是否存在，无论我们是否观测，独立于我们个体心智及感觉之外的真实世界始终存在。也就是说，弗兰克承认了案件本原事实是外在于裁判者并且不以其意志为转移的一种现实存在，但是人们所能追求到的所谓现实的客观性却意指某个人的认识可以与另一个人的认识是相同或相似的，亦即所谓的客观就是人们对某一事实达成了共识性的意见。

然而，这种主观性的案件事实是与他的法律现实主义主张相矛盾，

---

① [英] R. G. 柯林伍德：《历史的观念》，何兆武等译，商务印书馆1997年版，第389页。
② Jerome Frank, *Fate and Freedom: A Philosophy for Free Americans*, Simon and Schuster, 1945, p. 29.
③ Jerome Frank, "The Place of the Expert in a Democratic Society", in Barbara Frank Kristein (ed.), *A Man's Reach: The Philosophy of Judge Jerome Frank*, Greenwood Press, 1977, p. 13.

还是其建构法律思想的一个独特环节？这种主观性又是否会影响认知的真实性呢？弗兰克指出："承认人类'主观性'是不可避免的主张，并不必然地导致人们阐释经验的方式缺乏'真实性'（reality）。人是'实际存在的'。他们是部分'真实性'。这些阐释的有效'真实性'包括人的各种'感觉'、所谓的'第二种性质'① 以及人的各种价值与理想。"② 通过获知法官头脑中所发生的事情来判断他是否正确报告了他所认为的事实，这一过程无疑是非常困难的。因此，在有争议的案件中，批判法官的事实调查活动或多或少是无用的。这类案件的判决之所以不被批判是因为无法获得充分批评所需的手段。③

案件事实只能是对实际诉讼纠纷的一种猜测，而且是在证人回忆基础上的猜测，完全是一种主观性的事实。毫无疑问，弗兰克将主观性的案件事实与实际发生的本原事实相区分，将有利于人们重新认识案件事实的真实性问题。但是，我们可以明确感知的是，在弗兰克所批评的非事实怀疑论者那里，他们所认定的案件事实绝不是弗兰克所批判的客观事实，否则他们无法将事实纬度在他们的论述中隐匿掉。因此，我们还必须揭示弗兰克所认定的案件事实的另一侧面，即主观性的案件事实与规范性的法律事实之间的区别。

海德格尔认为："真实的东西，无论是真实的事情还是真实的命题，都是相符、一致的东西。这里，真实和真理就意味着符合（Stimmen），

---

① 笔者注：德谟克利特在西方哲学史上最先提出两种性质学说。这种学说认为，物体的形状、大小、结构和运动等是第一性质，它们是物体本身固有的，关于它们的感觉是这些性质本身的"肖像"；颜色、气味、滋味等是第二性质，它们不是物体本身固有的，关于它们的感觉不是物体本身性质的"肖像"。这一学说为近代许多哲学家和科学家如维维斯（Vives）、桑切斯（Sanchez）、蒙田（Montaigne）、帕尼拉（Campanella）、布鲁诺、伽利略、波义耳、牛顿、洛克等所主张，特别是洛克，他将这一观点发挥得淋漓至尽。

② Jerome Frank, "The Place of the Expert in a Democratic Society", in Barbara Frank Kristein (ed.), *A Man's Reach*: *The Philosophy of Judge Jerome Frank*, Greenwood Press, 1977, p. 14.

③ Jerome Frank, "What Courts Do in Fact", *Illinois Law Review*, Vol. 26, 1932, pp. 661-662.

而且是双重意义上的符合：一方面是事情与人们对之所做的先行意谓的符合，另一方面则是陈述的意思与事情的符合。"① 在笔者看来，弗兰克所批评的将规则作为法律体系核心的诸学者实际上就是将案件事实等同于事实的先行意谓即法律事实，从而形成了法律规则对案件事实、司法判决的单向度的决定作用。

所谓的规范性法律事实是指对具体的客观生活事实加以抽象概括进行体系化和制度化后的结果，即对客观生活事实进行类型化和概念化整理后的一种制度性存在。这些法律事实就"好像是铸模，我们的行为必须由此铸造出来，甚至这种必然性往往是我们所不能逃避的。即使我们经过努力战胜了它，我们所遇到的反抗也足以说明，我们面临的那个事实是不以我们的意志为转移的"②。正如吉尔兹所言，案件事实的形成"并不是自然生成的，而是人为造成的，一如人类学家所言，它们是根据证据法规则、法庭规则、判例汇编传统、辩护技巧、法官雄辩能力以及法律教育成规等诸如此类的事物而构设出来的"③。也就是说，这种规范性的法律事实对于案件事实而言是一种事实模型，一方面决定着对案件事实的剪裁；另一方面，当案件事实与其相一致时，相应的法律结果便随之产生。在这种观念下，所谓的案件事实，实质上的法律事实，实际上是法律规范的一个构成要件，是无须单独考虑的不具有独立意义的一个因素。"在实践中，虽然当事人或证人大多认为自己早就在说正经的事情了，法官还是会要求他们'说正经事吧'。……对于法学工作者来说，只有下列问题才属于'正经事'：某项适用于该案情的法律规范

---

① ［德］马丁·海德格尔：《海德格尔存在哲学》，孙周兴等译，九州出版社2004年版，第85页。

② ［法］E.迪尔凯姆：《社会学方法的准则》，狄玉明译，商务印书馆1999年版，第48—49页。

③ ［美］克利福德·吉尔兹：《地方性知识：事实与法律的比较透视》，邓正来译，见梁治平主编《法律的文化解释》（增订本），生活·读书·新知三联书店1998年版，第80页。

的构成要件是什么？什么东西可以用来证明这一事实？"①

依据弗兰克的理论，在审判过程中，一个案件的事实并不是在当事人之间实际发生的事实，也不是法律规范中所隐含的事实模型，而是在每一场诉讼中，由法官所认定的事实。每个法官由于其经历、特征、性格、习惯、偏见等的不同，他们所认定的案件事实可能极不相同。他们对于案件的判断还要受当事人、律师、证人的各种特点的反应影响，甚至他们的性别、肤色、相貌、职业、口音、姿态、服饰等都会引起法官对案件事实的不同认定。判决的形成公式也就从 $R(rule) \times F(fact) = D(decision)$ 变成了 $R(rule) \times SF(subjective\ fact) = D(decision)$。其中，主观事实是指法官认定的事实，而非在案件审理之前在某一特定时间、特定地点实际发生的客观事实。

在此需要特别注意的是，判决公式的转换是以弗兰克认为错误的前提展开的，而这个错误的前提就是，"存在（或者说可以很容易地被发现）一系列简明的法律规则，以至于任何一套给定的事实都存在一条相应的明确的但不被质疑的法律规则。"② 之所以要特别关注这一前提，是因为 $R(rule) \times F(fact) = D(decision)$ 是对法律形式主义关于案件判决如何达致的基本命题的数学公式化的表达，这一命题本身在弗兰克看来是有问题的。然而就认为这一转换是加入了主观因素或个性化因素的观点而言，实质上是忽视了弗兰克对法律形式主义的警醒，低估了事实维度所具有的重要意义。

（三）事实调查的影响因素

博登海默对于弗兰克的怀疑主义思想进行了这样的总结，"弗兰克宣称，初审法院的事实调查是司法中的弱点之所在，亦即阿其里斯的脚

---

① [德]迪特尔·梅迪库斯：《德国民法总论》，邵建东译，法律出版社2000年版，第52页。
② Jerome Frank, "What Courts Do in Fact", *Illinois Law Review*, Vol. 26, 1932, p. 649.

踵（译注：希腊神话中，阿基里斯出生后被其母亲倒提着在冥河中浸过，除未浸到水的脚踵外，浑身刀枪不入。因此，阿基里斯的脚踵比喻唯一致命的弱点。）"，并且认为，"渗入初审法院裁定事实中的无数错误中……最为重要的是法官那种不可预测的独特个性，因为它会使任何提出相互冲突证据的诉讼变成一件高度主观的事情。"① 而弗兰克自己在《法与现代心智》第六次印刷序言中也明确指出，"'事实'不是客观的，这一点从不应该被忽视。它们是法院认为是的东西。并且法官认为它们是什么，这依赖于证人作证时法官的所见所闻——这可能不是，并且经常不是，其他法官会看到和听到的。"② 因此，我们可以推定，弗兰克并不回避诉讼的主观性，而且正是这种主观性为后来其所提倡的法官通过心理分析或自我探究来完善司法过程的主张埋下伏笔。

在《初审法院》一书中，弗兰克提到，在现代审判方法中存在着两种致使主观性不可避免的因素：一个与证人有关，一个与初审法官和陪审团有关。而在《法与现代心智》第六次印刷序言中，他则以一种更为详尽的方式进行了表述，初审法院的事实调查卷入了众多难以控制的因素③：其一，非陪审团审判中的初审法官或者陪审团审判中的陪审团必须从证人那里获悉各种事实；并且有着人类易错性的证人在观察他们所见所闻、或在他们回忆观察、或在法庭报告回忆的过程中经常犯错误。其二，初审法院或陪审团，也是人，可以有偏见地——经常不意识，甚至自己也不知道——支持或反对一些证人、诉讼当事人或者律师。当这些偏见是种族的、宗教的、政治的、经济的，有时可能被其他人所推测。但是存在一些初审法官或陪审员隐藏的、不意识的偏见——例如像对已婚女子或未婚女子、或红发女人、或深色头发的白种女人、或者低

---

① ［美］埃德加·博登海默：《法理学：法律哲学与法律方法》，邓正来译，中国政法大学出版社 2004 年版，第 166—167 页。
② Jerome Frank, *Law and the Modern Mind*, Peter Smith, 1970, preface to sixth printing.
③ See Jerome Frank, *Law and the Modern Mind*, Peter Smith, 1970, preface to sixth printing.

音或高音说话的男人、或者带着深色眼镜的男人、或者用手语或有神经性痉挛的人或强或弱的反应——没人能意识到的偏见。隐藏的、高习性的这种偏见——尤其对于每个个体法官或陪审员——不能阐释为一致性或塞入规范化的"行为模式"。在这一方面，法官和陪审员都不是标准化的。那么，由于这些难以理解的因素，预言初审法院判决的主要障碍就是无力预见每个个别初审法官或陪审团将相信什么是事实。但是，"审判中的判决过程正是受这些隐藏的偏见所支配的"①。

如果说上述的主观性因素更多的是在事实裁定者不意识的情形下对他们产生影响，以战斗理论（fight theory）为基础的对抗制的事实裁定模式则不仅不利于发现案件的事实，而且为发现事实设置了人为的障碍。这一模式假定，(1) 讼争中陈明双方各自立场的主要责任最好留给那些最受该讼争影响者；(2) 讼争者之间强制性的偏袒对话所必然产生的一已之私的偏见，能够通过将这一对话置于不偏不倚的仲裁者组成的中立法庭来最大限度地加以抵消；(3) 冲突和对话能够受一般的程序和实体规则体系（即法律）的制约，这一规则体系阐明了讼争结果中的国家利益。②

弗兰克对于这一模式所能保证的案件事实的真实性表示质疑。他认为，事实是一种智性阐释的事件，犹如画家为某人勾勒的肖像。行为的不同动机和目的会导致对事实的不同理解。"在涉及经验时，事实反映或者源出于人的动机、利益或目的。对于经验的'纯粹观察'或'纯粹描述'不曾出现。看与报告总是有动机的。观察是选择性的、计划性的。一项'描述性的陈述'，即所谓的事实陈述经常呈现的仅仅是对观

---

① Jerome Frank, "Judicial Fact-Finding and Psychology", *Ohio State Law Journal*, Vol. 14, 1953, p. 187.

② [美] 约翰·博西格诺等：《法律之门：法律过程导论》，邓子滨译，华夏出版社2002年版，第439—440页。

察者所感兴趣的未来经验的一种预言。"① 由于各方当事人及其律师的目标是获得有利于自己的判决，那么，各方将竭尽所能地使法院注意建立在有利于己方的证据之上的案件事实。一方面，的确可以使法官注意到一些可能被忽视的事实，甚至是一些法律规则的细节；但是，另一方面，却可能为了胜诉而妨碍关键证据的发现，或者以一种歪曲的方式来呈现关键证据。因此，在这种模式下，案件的真实事实反而更难以获得。

在弗兰克看来，主观性贯穿于初审法院事实调查的始终——证人对过去事件的回忆、陪审团或法官对各类证据的选择都存在着很多难以捉摸的、难以理解的主观性，是司法过程的内在缺陷，不仅不可避免甚至无法摆脱。也就是说，司法过程不可能是完美的，但是却可以通过法官的自我意识即对于作为人所具有的易错心智的承认，在一定程度上减少主观性可能带来的不利影响，进而改善司法过程的运作。也正是由于在司法调查中存在大量的非理性的、偶然性的、推测性的因素使得案件事实难以确定，法官审理案件的活动更多地受情绪偏见等非理性因素决定，从而使人们无法对诉讼结果作出合理、正确的预测。所以，弗兰克认为，法律不是一门科学，而是一种有关猜测的艺术。

虽然弗兰克从规则怀疑论转向事实怀疑论，但是案件事实的主观性却使他秉承了对法律确定性问题的一贯理论立场。在笔者看来，主观性案件事实的提出对于弗兰克的法律理论而言具有更为关键的意义：一方面，它意味着整个事实调查过程并不能采取任何模式化的方式来进行，法官对于案件事实的裁定不可避免的是一个主观选择的过程。如果认可这一点，那么就不能试图通过单纯的程序改革来完善司法过程，更重要的是突破了客观性与司法公正的紧密相关性；另一方面，它则弥合了主

---

① Jerome Frank, "The Place of the Expert in a Democratic Society", in Barbara Frank Kristein (ed.), *A Man's Reach: The Philosophy of Judge Jerome Frank*, Greenwood Press, 1977, p. 13.

观心灵世界与外部社会实在之间的鸿沟。意味着这也就是弗兰克为什么一直强调法律现实主义的现实主义是不同于哲学意义上的实在论的原因。按照实在论的逻辑，案件事实应该是一种完全、绝对不依赖于人而独立存在的客观实在，那么弗兰克的法律现实主义思想就必然陷入菲尔德曼所称的"认识论危机"①。虽然这种实在论主张在很大程度上已经成为我们不假思考就默认的背景性预设，但是并不意味它必然是真理性的。弗兰克主观性案件事实的主张实质上是在法学领域对哲学最基础性问题进行理论探讨的初步尝试。

（四）初审法官的事实裁量权

弗兰克将理论关注点置于初审法院之上，在一定意义上也就决定了初审法官事实裁量权的性质与功能将成为他的论述核心，也正说明初审法院对于事实怀疑论者弗兰克的重要意义。因为，"当法院将法律规则——制定法或其他——适用于案件事实，法院必须不仅解释规则而且解释证据……因为当法院以一种制定法不适用的方式错误地调查案件事实时，法院使得制定法无效。那么，调查事实的自由裁量权就可以成为阻止立法过程运行的权力"②。初审法院的事实调查控制着初审判决甚至是上诉审的判决，并且事实的认定在诉讼开始之前几乎不可猜测，因此事实调查就成为整个司法审判的重中之重。

案件事实并不是真实发生的事实，而是法官认为或猜测发生的事实。在审判过程中证据之间发生冲突，当事人不能就事实达成一致意见时，事实调查者就必须在其中选择其认为揭示了争议之真实性的可靠证据，选择他所相信的证人来查明事实。这种对事实的选择权就是所谓的

---

① [美]斯蒂芬·M.菲尔德曼：《从前现代主义到后现代主义的美国法律思想——一次思想航行》，李国庆译，中国政法大学出版社 2005 年版，第 212 页。
② Jerome Frank, "Words and Music: Some Remarks on Statutory Interpretation", *Columbia Law Review*, Vol. 47, 1947, p. 1259.

事实裁量权（fact discretion）。同时，由于选择过程中主观性的不可避免，当证据相互冲突时，判决的事实因素就是一种事实上不可控制的自由裁量权的产物。通常随之而来的就是，任何法律规则，无论如何简明的措辞，也无论看似如何不易改变，都授予了司法事实调查者以巨大的自由裁量权。①

初审法院的事实查明之所以最为重要主要是因为，没有人曾经能够设计任何规则来引导初审法官对可相信的证人作出选择。与此同时，在选择可信赖的证人时，并不存在可用的共同的或客观的标准；但是其中对于道德特征的评价却是要与公众认可的道德标准相权衡之后而作出的。②正是由于初审法院的事实裁量权几乎不能被任何规则所控制而成为一种"最高统治权"（sovereignty）。并且，由于上诉法院的审判是建立在初审法院的事实查明之上的，因而这种事实的裁决也就具有了不可纠错性，或言终局性。由此，初审法院的事实查明展现了司法过程最重要的部分，当事人的命运也依赖于这一过程。

通过上述分析，笔者认为，可以得出这样一个结论：在弗兰克那里，案件事实的裁定远比法律规则要繁复和难以控制得多。因此，对事实调查过程性质的不予考虑会影响人们对司法过程的理解，会导致一种因为忽视事实裁决内在的更大程度的不确定性而带来的虚假的判决结果的一致性。因此，"试图对判决进行预测的律师正在从事的就是一项令人困惑的事业。他正试图预测的是将被裁决的事实是什么，所以是对陪审团或初审法官将来猜测的猜测。再者，在案件审判之前，律师的猜测经常必定是关于陪审团、初审法官将来的猜测的，然而律师对此却不知道。这样的一种猜测必然是不自信的，纵使所有的法律

---

① Jerome Frank, "Civil Law Influences on the Common Law—Some Reflections on 'Comparative' and 'Contrastive' Law", *University of Pennsylvania Law Review*, Vol. 104, 1956, pp. 900 – 901.

② Jerome Frank, "Some Reflections on Judge Learned Hand", *University of Chicago Law Review*, Vol. 24, 1957, pp. 676 – 678.

规则和原则如对数表那样精确，如北极星那样固定，这样的猜测亦是不自信的。"①

因此，当一个事实怀疑论者谈及法律的不确定性时，他必定不仅仅意味着规则的不确定性，而且更重要的是认为法律不确定性的主要原因在于事实的不确定性——即在判决之前，初审法院会将什么作为事实具有不易知性；在判决之后，初审法院调查事实的方式仍具有不易知性。于是，弗兰克认为，并不是他夸大了法律的不确定性，而是规则怀疑论者与法律现实主义的批评者们极大地夸大了法律确定性的范围。在笔者看来，弗兰克之所以一直坚持认为法律是不确定的，是因为保持法的确定性并非法的终极目的，反而，"对极大增长的法律确定性的追求就大部分而言是无益的——并且这种追求的确可能产生非正义，因而他们宁愿致力于增长的司法正义"②。

公正的司法判决，无疑要涉及案件事实和法律规则两方面，这也是所有诉讼过程绕不开的主题。"一如实然和应然的关系一般，事实与法律之间的关系问题以及由此发生的小问题，业已成为至少自休谟和康德以降的西方哲学所关注的主题；而且在法理学中，任何关于自然法、政策科学和实证合法化的论争，亦都将这个问题视作关键中的关键。"③ 在两者之间，事实问题则"是司法上由来已久和最难解决的问题之一。法令承认提供的事实并根据事实来宣布指定的法律后果。但是事实并不是现成地提供给我们的。确定事实是一个充满着可能出现许许多多错误的困难过程。错误认定曾导致过许多错判。为了预防舞弊和诈骗而规定各种办事规则和形式的必要性、由于一般安全的迫切需要，牺牲了何止一

---

① Jerome Frank, "Cardozo and the Upper-Court Myth", *Law and Contemporary Problems*, Vol. 13, 1948, p. 380.

② Jerome Frank, *Law and the Modern Mind*, Peter Smith, 1970, preface to sixth printing.

③ [美] 克利福德·吉尔兹:《地方性知识：事实与法律的比较透视》，邓正来译，见梁治平主编《法律的文化解释》（增订本），生活·读书·新知三联书店 1998 年版，第 77 页。

个可贵的案件"①。然而，这却不能解释事实问题为什么成为弗兰克的理论关注点，更无法解释弗兰克缘何从对规则的怀疑转变为对事实的怀疑。为了更好地理解弗兰克法律现实主义思想的发展脉络，深入辨识怀疑论背后的理论支撑、理论内涵及其意义，无疑是必须也是必要的。

---

① ［美］罗斯科·庞德：《通过法律的社会控制》，沈宗灵译，商务印书馆1984年版，第29页。

第四章　弗兰克思想转向的解析

关于弗兰克法律现实主义思想的一贯性问题，学者们观点各异。弗兰克在耶鲁法学院的同事汉密尔顿（Walton Hale Hamilton）完全否定弗兰克有任何持之以恒的立场，认为他的思想并没有固定的陈述，"他的著作的先后联系仅仅是作者人格上的连续性。"① 对此，也有不少学者持反对意见。例如斯通（Julius Stone）就认为《法与现代心智》一书中大多数基本主张在《初审法院》中依旧完整无损，"《初审法院》一书在弗兰克的传统之中，并且它应当被看作是这一传统的顶点……对于同时代的法学思想，这一新贡献值得彻底地从过去的阻碍中解放出来。"② 而保罗虽然赞同斯通的观点，却认为弗兰克关于传统法学所主张的法律公理的总结更能体现其思想的一贯性。③

大多数学者都认为，弗兰克的法学思想可以大致划分为早期和晚期两个阶段。弗兰克思想的一位重要研究者沃尔考默就认为，"在弗兰克手中，法律现实主义是一把双刃剑。在他的早期著作中，是他用来攻击法律规则确定性信仰的武器，但是后来成为他对任何司法冲突中事实客

---

① Walton Hale Hamilton, "The Great Tradition – Jerome Frank", *The Yale Law Journal*, Vol. 66, 1957, p. 823.
② Julius Stone, "Book Review: Courts on Trial", *Harvard Law Review*, Vol. 63, 1950, p. 1466.
③ Julius Paul, "Jerome Frank's Contributions to the Philosophy of American Legal Realism", *Vanderbilt Law Review*, Vol. 11, 1958, pp. 758 – 759.

观性特征信仰的破坏。"① 在国内法学界，沈宗灵在为《中国大百科全书·法学卷》书写弗兰克这一词条时就指出：弗兰克开始倾向于该派的'规则怀疑论'支派，即对法律规则能指引法官判决的传统观点表示怀疑；以后明确转向'事实怀疑论'支派，即对初审法院能准确地确定事实表示怀疑。

之前的论述已经表明，笔者对弗兰克法律理论存在思想转向的观点是持肯定态度的。笔者认为，在弗兰克出版《法与现代心智》一书之后其思想便开始发生转向。这是因为笔者在研究他的思想的过程中发现，在《法与现代心智》与其后来的论述中，他开始强调导致法律不确定性的原因不仅在于规则，而且在于事实。"尽管这本书因为缺乏可预测性，部分地谴责了事实调查过程。在它出版之后，他通过详细阐述在'有争议的案件中'事实经常是令人怀疑的立场来保卫其在法律不确定性上的姿态。"②

但是，如果一定要在其前后期思想之间加以明确界分，笔者更愿意将《法与现代心智》第六次印刷序言作为它们的分水岭。正是在这一序言中，他首次对"规则怀疑论者"与"事实怀疑论者"进行了明确区分，因而成为他思想转向的标志性论述。也正是这一序言中，弗兰克宣称自己是事实怀疑论者，而让部分学者忽视了事实怀疑论者首先是一个规则怀疑论者。

在《初审法院》一书中，弗兰克的事实怀疑论思想基本上是贯彻始终的。"这时，弗兰克不再将注意力集中于探讨法律条文的含混以及司法上酌情处理权在相互抵触的原则和案例之间任意选择的幅度，而把不确定性的根源确定在事实调查过程之中。他现在认为，法律条文是'非

---

① Walter E. Volkomer, *The Passionate Liberal: The Political and Legal Ideas of Jerome Frank*, Martinus Nijhoff, 1970, p. 47.
② Robert J. Glennon, *The Iconoclast as Reformer: Jerome Frank's Impact on American Law*, Cornell University Press, 1985, p. 60.

常重要的',但是往往被有缺陷的事实调查所歪曲。任何一条法律条文的援引都是要依靠事实,而'事实却是推测出来的'。"①

另外,弗兰克早期认为霍姆斯的智性努力使其具有了自我依赖、自我权威的成人情感状态,而晚期以初审法官的事实裁量权来否弃霍姆斯预测理论的有效性,实际上也佐证了弗兰克从规则怀疑论向事实怀疑论转向的存在。

显而易见,弗兰克在怀疑主义的进路上一直坚持着法律不确定性的立场,但是从时间上对这两个阶段的划分,绝不意味着晚期事实怀疑论思想是对其早期规则怀疑论思想所作的一种更为详尽的补充性的阐释,也绝不意味着两种怀疑论思想的诞生仅仅是对三段论推理的大小前提——法律问题与事实问题——逻辑选择的结果。因此,笔者认为,在承认弗兰克法律理论存在思想转向这一前提下,就必须对其转向的缘由加以讨论。

这一转向是弗兰克法律理论自身发展的必然结果,还是体系内部的自相矛盾?笔者认为只有探寻到支配弗兰克整个法律理论建构过程的核心力量,或者是贯穿弗兰克法律思想始终的基本的思维取向,才能为弗兰克理论建构过程中的这一转向作出合理的解答。由此,也就得出了本书最为直接且最为核心的目的,即探求弗兰克丰富法律思想追求背后所隐藏的根本诉求。但是,在正式探究根本诉求之前,笔者将首先分析促使他思想改变的一些理论争议。

一、外在理论碰撞的激发

正如我们所知,对某一理论所提出的批判观点在很大程度上是该项

---

① [美]伊丽莎白·迪瓦恩等编:《20世纪思想家辞典——生平、著作、评论》,贺仁麟总译校,上海人民出版社1996年版,第181页。

理论得以发展的一个重要因素。《法与现代心智》出版之后，很大一部分批评来自于阿德勒（Mortimer J. Adler）、莫里斯·科恩（Morris R. Cohen）等学者主张的恢复法律规则效用的努力。也正是这些批判意见促进了弗兰克法律思想的进一步发展，推动了他从规则怀疑论向事实怀疑论的转变。同时，弗兰克也在对卡多佐与菲利克斯·科恩（Felix Cohen）的法律思想进行极为严厉批判的过程中逐步发展与完善了其事实怀疑论思想。因此，在这一部分将重点讨论外在理论对弗兰克思想转向所具有的重大意义。

阿德勒认为，弗兰克混淆了形式逻辑的结构及其前提的真假。形式逻辑关注命题之间的分析和关系，而不是前提选择的评价。而弗兰克的心理学分析同样并不关涉争议前提的真伪问题，因此他的法律理论不仅不能克服形式逻辑的致命缺陷，反而破坏了三段论推理的形式完善性，造成了对法律理解的不必要的混乱。

对于弗兰克理论转向产生更为直接影响的是莫里斯·科恩。他与阿德勒一样，都认为弗兰克过分批评了形式逻辑，因为科恩相信在变动的社会中，逻辑同样可以适用。科恩坚持认为推理过程的心理描述不能决定结论的正确与否，并且认为弗兰克混淆了真实事实、逻辑关系与证词可靠性之间的关系，进而提出即便心理学能够发掘思考者的前提选择动机，但是这种心理动机同样不能决定前提的真伪，因为事实的真伪是与个人的动机完全分离的。正是在对形式逻辑作用的充分肯定下，阿德勒等人在实质上维护着法律规则的核心地位以及对司法判决的决定性作用。

面对这些批评，弗兰克开始认可法律规则在事实无争议的案件中对案件判决的预测作用，也更加明确地提出案件事实的不确定性对判决结果的影响。就弗兰克思想的发展而言，对这些批评进行有力反驳的突破点不再是与这些学者纠缠于法律规则之上，而是转向了他所认为的决定司法过程的更为重要的因素——事实查明之上。因此，弗兰克主张关注初审法院，关注案件事实。"正如我们所见，法院应该查明成为诉讼的各种争议的事实。也就是说，只要这些事实顺从或违反某种法律规则，法院就应该确定当事人真实且客观的行动，即应该查明他们在诉讼开始之前确实做了什么或没做什么。"①

具体而言，弗兰克认为，由于现代科技的发展，当时的美国社会瞬息万变，许多法律规则也变得不再稳定。"相应的，在我们的时代中，法律的不确定性——未来判决以及法律权利的不确定性——通常归因于规则的不确定性。规则渐增的多样性、规则之间的各种冲突以及一些规则的灵活性吸引了大多数法律思想家的注意。这些思想家意识到许多规则中刚性的缺乏，进而主张在 $R(rule) \times F(fact) = D(decision)$ 等式中，判决的确定性或不确定性主要源自于规则的确定性与不确定性。这一主张导致了对整个司法过程的巨大误解，并且导致了大多数法律学者对法院工作中更困难部分的忽视。"② 因此，在他看来，科恩等人将太多的关注置于法律规则与原则之上，进而将视域限定在上级法院之上，无视司法过程的真实情况。而真正的现实主义者应该在注意到法律规则所带来的不确定性的同时，摆脱上级法院神话的束缚，使法律与社会生活建立有效的关联。

对于卡多佐的思想，弗兰克在《法与现代心智》一书中就曾作出精辟的分析。他认为，没有人比卡多佐更清楚地意识到完美的法律体系是不可能获得的，但是卡多佐却希望在获得更敏锐的洞察力的同时满足人们对绝对与永恒的渴望。弗兰克基于事实怀疑论的思想对卡多佐展开的批评主要集中于《卡多佐与上级法院神话》一文中。

在该文中，弗兰克重点从两个方面进行了驳斥：其一，认为卡多佐完全回避了初审法院的运作，无视初审法院所发挥的重要作用，其二，

---

① Jerome Frank, "Facts Are Guesses", in Barbara Frank Kristein (ed.), *A Man's Reach: The Philosophy of Judge Jerome Frank*, Greenwood Press, 1977, p. 181.

② Jerome Frank, "Facts Are Guesses", in Barbara Frank Kristein (ed.), *A Man's Reach: The Philosophy of Judge Jerome Frank*, Greenwood Press, 1977, p. 181.

认为卡多佐经由人为地对司法过程进行限制而得出的有能力的律师能够在审判之前对大部分法律诉讼的结果进行预测的结论是不符合现实的。而这两方面的批评都可以归结为卡多佐忽视了案件事实对判决结果的决定性作用。从根本上讲，这种忽视的根源在于未曾注意到案件事实本身的繁复性以及法官的事实裁量权。

针对科恩所认为的"社会力量"（social forces）对于法院判决所具有实质性的一致影响，弗兰克提出，他们的论述建立于习惯和风俗之上的"活法"（living law）的实质一致性，或者共同体正义感或非正义感中的一致性，或者普遍社会道德态度或理想的一致性，而唯独忽视在我们的社会中，许多敌对的习惯、道德态度和理想的存在。但是，弗兰克认为，即使是在认可这些一致性的基础上，科恩的论辩也是存在问题的。

按照科恩的逻辑，无数的交易由活法所控制，它们不会进入诉讼，也就不会被诉讼中的不确定性和不可预测性所困扰，而法律诉讼表现的则是一种使用社会普遍接受的规则来解决纠纷时的不平常的、病态的情形。然而，为何进入诉讼程序是一种非常态的纠纷解决方式呢？在弗兰克看来，这种论断本身就是不能成立的，所有纠纷真实、有效的解决都必须通过司法过程来进行。

科恩认为，活法影响诉讼仅有一种情形，即当诉讼爆发时，在法院外规则与法院所发生的事情之间存在一种显而易见的相关性。弗兰克认为在承认法院外规则与法院内规则相关性存在的基础上，问题的确转换成了法院内规则即法律规则是否能导致法院判决的规律性的问题。但是由于初审法院事实调查的反复无常，判决的规律性是不存在的，法律规则所体现的法院外的一致性也就受到了阻碍。①

---

① See Jerome Frank, "Short of Sickness and Death: A Study of Moral Responsibility in Legal Criticism", *New York University Law Review*, Vol. 26, 1951, pp. 581 – 582; Jerome Frank, "Civil Law Influences on the Common Law—Some Reflections on 'Comparative' and 'Contrastive' Law", 104 *University of Pennsylvania Law Review*, 1956, pp. 906 – 907.

而所有的这些非现实的主张都来源于卡多佐与科恩的上级法院立场。因为在上级法院中案件事实是由初审法院提供的"客观"材料，法院对这些材料的可靠性与真实性并不质疑，而更多的是对法律规则进行裁定。这也就导致了，"这些思想家忽视了（1）体现于法律规则（无论'纸面的'还是'真实的'规则）中规范的或多或少的'客观'（一致）性与（2）初审法官或陪审团对相互冲突的口头证据的反应的主观性之间的区别。"① 无论形式逻辑在结构上多么完美，也无论对规则进行怎样的解释，案件事实都不可能作为一个无须考察的因素内隐于规则与逻辑之中。

二、内在理路发展的要求

如果说与诸多外在理论的争论激发了弗兰克法律现实主义思想转变的种种可能性，那么其理论内在理路发展的要求则是他思想转向的根本原因。如前所述，切实可行地使人们过上幸福生活是弗兰克一生的追求，但是他却选择在怀疑主义的进路中来完成这一梦想。然而，两种不同的怀疑论思想对于弗兰克的理论追求有何不同的作用？为什么同一理论追求会导致弗兰克作出两种不同的选择？又是何种契机使弗兰克发生了如此重大的理论转型？所有这些问题都是笔者在这一部分所要解决的。

弗兰克也认为，最能直接影响人们生活的莫过于直接处理纠纷的司法过程。因此，他要通过破除各种蒙蔽现实的法律神话，使人们（包括法律人在内）都能清晰地认识法律的本性，清晰地认识神话笼罩下的司法活动可能对人们生活产生的不利影响。司法制度设立的目的就是解决

---

① Jerome Frank, "Short of Sickness and Death: A study of Moral Responsibility in Legal Criticism", *New York University Law Review*, Vol. 26, 1951, p. 582.

法律纠纷,但是却不仅仅限于解决特定纠纷,对特定法律诉讼的公正判决是司法制度存在的内在规定性。

正如"正义有着一张普洛透斯似的脸(a Protean Face),变幻无常,随时可呈不同形状并具有极不相同的面貌"①,人们对司法正义的理解也千姿百态——司法制度应该追求程序正义还是实体正义,追求普遍正义还是个案正义,人们争论不休。但是,司法正义作为一个严峻的问题却受到越来越多人的重视。弗·培根就曾指出:"一次不公的(司法)判断比多次不平的举动为祸尤烈。因为这些不平的举动不过弄脏水流,而不公的判断则把水源败坏了。"②

对此,弗兰克相信具体案件能对当事人生活产生实际的影响,抽象的正义原则却过于遥远。在弗兰克那里,正义就是指以具体形态存在的正义,抽象层面的正义是虚构的,甚至是与人们的生活无甚关系的,因而在一定意义上,也是无需关注的。他认为,任何一个法官在作出判决时的基本出发点是为当前案件提出一个具有正义性的解决方案,正是通过个别具有时代精神的法官的判决,法律才得以发展。既然试图通过抽象的法律规则使法律成为封闭的、静止的和一致的系统既不可欲也不可能,那么针对任何具体情况所作出的司法判决,首先对于每一个案件而言就应该是正义的。在诉讼争议的解决过程中,所有法律必然适用于案件事实。纷争的公正解决,要求法官能够而且确实付出不懈的努力去接近特定的案件事实。然而,确定案件事实中的各种因素都可能导致对正义的否认,使公平和正义处于一种尴尬的境地。

就当时的社会现状来讲,由于工业化进程所带来的严重后果,美国社会贫富差距逐渐扩大,而这种贫富结构反映到法律体系中,就是抽象的"法律面前人人平等"原则与具体案件判决结果之间因人而异的差

---

① [美]埃德加·博登海默:《法理学:法律哲学与法律方法》,邓正来译,中国政法大学出版社2004版,第261页。
② [英]弗·培根:《培根论说文集》,水天同译,商务印书馆1983年版,第19页。

距。因此,弗兰克面对的法律现实是,正义仅仅是有钱人的特权,正义实现的程度决定于当事人支付能力的大小。随之而来的便是弗兰克在法律领域的重大疑问,即为什么法律有利于富人而不利于穷人,而且他关注更多的是如何保障穷人的权利问题。

弗兰克认为,在人们得意地高谈阔论"法律面前人人平等"的民主标语时,经常的情形却是缺乏平等,因为在他看来,不加区分的一视同仁是一种最严重的司法不公正。他拒绝接受作为便利规则的公平对待(Fair Play);他也不接受作为掩盖个人权利滥用的法律实施的伪装。① 他所强调的个案正义的核心在于,要以区别对待为基础,以个案差别为前提来实现司法正义。而"法律面前人人平等"的法律,更多的是指一种具有普遍约束力的行为规范,而不是针对某一特定行为的,它所强调的平等是一类或某类行为的一致性的评判,而不去考虑个体行为的具体动机或结果。换句话说,弗兰克仍然在批判这一抽象信条的现实可能性问题。

如前所述,由于大多数的判决依赖于事实的认定,而审判中的证据会影响法官对事实的裁决。但是经常会出现下列类似情形,最重要证据的获得需要费用巨大的调查,例如雇佣侦探、会计师、工程师等专家。那么,是否有能力支付高额费用就成为案件胜负的决定性因素。与此同时,限于证据实际上非常不同的案件,对法院来说看起来可能是几乎相同的,并且他们以相同的方式作出判决,不仅案件适当的、可行的个殊性没有出现,不公正却不可避免地发生了。因此,在弗兰克看来,"传统正义的形象是一位看不清的女神,她以同样的方式对待所有的人,忽视可能使罪行减轻的情况","此外,正义也许提供一种人造的或虚假的'法律面前的平等',即一种残酷的'算术的'平等"②。由此可见,他

---

① See Thurman Arnold, "Judge Jerome Frank", the University of Chicago Law Review, Vol. 24, 1957, p. 639.

② Jerome Frank, Courts on Trial: Myth and Reality in American Justice, Princeton University Press, 1963, p. 391.

所追求的是个案正义的实现，而非抽象正义原则的设想。

众多学者批评弗兰克并未明确区分价值问题与事实问题，试图混淆"是"与"应当"，试图通过事实观察来取代价值标准的设立。但是，在弗兰克的相关著述中却是另一番景象。从首部著作《法与现代心智》一书开始，他便明确主张"法律应该是什么"构成了律师和法官思想中不少的部分，"应当"必须建立在"是"与"可能"的基础之上，并且认为，相较于"是"与"应当"的划分而言，更值得注意的是理想或"应当"与幻觉之间的区分。这在一定意义上也就部分地解答了弗兰克为什么自始至终都要致力于破除各种神话的问题。

进而，弗兰克又指出："法律现实主义者是不屈不挠的理想主义者……他们相信达致理想的方式，不是仅仅通过假定那些理想现在看来是可操作的或是容易获得的，而是通过努力研究现在正在发生什么（从而获知什么可以从那时起继续下去）。"① 弗兰克相信理想在人们思想与行动中的重要作用，而看得见的正义（the unblindfolding of justice）② 就是他行动的指南，作为他法律现实主义思想的根本诉求，看得见的正义引导弗兰克从规则怀疑转向了事实怀疑。

既然看得见的正义是弗兰克法律思想追求背后所隐藏的根本诉求，那为什么在早期弗兰克并未依循这一指引从而建构起事实怀疑论思想？弗兰克的根本诉求与其思想转向究竟有何种关系？

在笔者看来，弗兰克试图通过对正义的具体化来实现正义的真实化。具体到对审判过程的分析，弗兰克实质上是在强调，单纯地关注一般规则并不能确保正义的实现，而应该关注每一个具体纠纷的个殊性的案件事实。因而，弗兰克的规则怀疑论思想与其根本诉求之间是存在紧

---

① Jerome Frank, "Mr. Justice Holmes and Non-Euclidean Legal Thinking", *Cornell Law Quarterly*, Vol. 17, 1932, pp. 586–587.

② 对于"the unblindfolding of justice"，笔者参照邓正来在博登海默的《法理学：法律哲学与法律方法》一书中的翻译，将其译为"看得见的正义"。

张关系的,虽然他已经意识到看得见的正义与个人权利保障之间的密切关系,但是由于他并不能在二者之间建立有效的关联点而致使其理论无法达致基本的自洽。换个角度而言,如果弗兰克在其思想建构过程中始终坚持他的根本诉求,那么他的法律现实主义思想就必定从"规则怀疑论"转向"事实怀疑论"。但是他的思想所发生的具体转向,则与下述观念的提出紧密相关。

弗兰克认为抽象规则并不能体现司法公正的立场。在法律体系中,社会价值、理想体现于法律规则之中,但是却要通过特定诉讼中的特定判决变得具有可操作性。因此,他认为法官应将所有的法律规则视为无法表达清楚的法律虚构,是为了正义实现而进行的虚构,它们不能在任何案件中为不正义服务,应按照最初设计的那样为实现公正的目标而努力。从这个观念出发,正义的希望更多地在于人而不是法律规则,也就意味着,法官作为社会建设者应承担更多掌控、平衡社会方向的责任。然而,在特定的案件中,无论规则制定得多么完美,体现了多么重要的社会政策,最为重要的问题是将规则适用于具体的案件事实。"通过寻求以最为简明的方式建构过去的事实,弗兰克相信法院将承担为每一位参加诉讼的人达致正义的责任。"[1]

就此,弗兰克将案件区分为两种类型:一种是有争议的案件,一种是无争议的案件。他认为有争议案件主要指案件事实存在争议的案件。在这类案件中,法律规则、原则等并不能为预测法院判决提供令人满意的基础,因为事实的获得是特定诉讼中审理该案的法官根据可能有缺陷的证据所呈现出的事实而作出的有缺陷的猜测。正如哈里斯(J. W. Harris)曾经指出:美国的法律现实主义认为,"规则依其性质不能控制法庭和其他官员的判决。"[2] 虽然如此,执业律师仍必须学习法律

---

[1] Walter E. Volkomer, *The Passionate Liberal: The Political and Legal Ideas of Jerome Frank*, Martinus Nijhoff, 1970, p. 91.

[2] J. W. Harris, *Legal Philosophies*, Butterworth, 1980, p. 95.

规则和原则，因为在有争议的案件中，一方面，这种一般化的知识会使得猜测令人更信任；另一方面，可以说服法院这样而不是那样判决。在无争议的案件中，依据法律规则，人们经常可以预测到案件的判决。①

有争议的案件是弗兰克进行讨论的前提，这一点是显而易见的。之所以这样认为，是因为如果诉讼当事人对于案件事实并无争议，他们的唯一差异停留在规则的正确适用之上时，弗兰克所主张的对事实的关注将无甚意义；在此种情形下，对于规则的适用，训练良好的律师将是一位极好的判决预测者。

然而，司法过程中实际处理的很少是事实无争议的案件。在弗兰克看来，人们进行诉讼的通常状态是，案件事实不被承认并且呈现事实的证据是口头的、相互冲突的。其中更为关键的是，不同事实的存在是成就案件个殊性的唯一方式，针对这些不同的案件事实才有可能谈及规则的正确适用与否。弗兰克看到之前的改革者，包括规则怀疑论者在内，都将改革的重心放在了法律规则的完善之上，但是事实表明，这些对法律规则的改革在有争议的案件中是无法确保案件公正的，即法律规则中体现的正义原则与人们真正能享受到的利益并不是一一对应的，甚至是截然相反的；法律规则中所规定的权利也仅仅是人们获得救济的一种可能。因此，弗兰克认为只有改善初审法院的事实调查过程才有可能实现其所追求的看得见的正义。由此，我们不难发现事实怀疑论的确比规则怀疑论可以更好地解决个案公正问题，看得见的正义作为法律理想主导着理论形态的变化。

既然如此，弗兰克又是在何种意义上提出要关注法官判决案件时的心理过程？在弗兰克看来，诸如法官的情感态度以及爱好都是案件判决的更深层次、更基础的原因。他认为不曾存在也不会存在无偏见的法官，

---

① See Jerome Frank, "What Courts Do in Fact", *Illinois Law Review*, Vol. 26, 1932, pp. 761 – 762.

在一个给定的社会中,唯一能做的是将法官的偏见控制在社会认可的程度内。弗兰克鼓励法官通过心理学的方法发现他们个性中的偏见或偏好,认为深刻的清醒的自我意识与自我分析会产生更大的自我约束。如果法官承认他们对事实的观察和理解存在着不可避免的偏见并能掌握他们自己的本性,那么法律也会变得更加科学,司法正义的实现也就水到渠成。

因而,从弗兰克的整体学术关怀来看,法的不确定性并不是他的最终追求。弗兰克对于法律确定性的消解更多的是为了突破人们对法律旧有的理解框架,打破已有的思维惯式,追寻一种看得见的正义,进而达致一个个人潜能可以最大化、每个人都有幸福一生的社会。具体到法律领域,弗兰克关注的根本问题则转变为,"法律是否有利于富人而有损于穷人,进而与法律的平等保护理想相冲突?"[①]

弗兰克关注司法过程,关注判决结果,认为只有看得见的正义才是人们真正可以享受得到的,抽象层面的正义则是子虚乌有的。无论对于规则,还是对事实调查,弗兰克均持不信任的态度,这是因为二者均在于妨碍其看得见的正义的实现。借助怀疑论的质疑,弗兰克不断完善司法的运行过程,进而确保看得见的正义的存续。弗兰克法律思想的整个建构过程,起支配作用的理想始终没有动摇,而仅仅是怀疑的对象和完善的手段发生了变化。也就是说,弗兰克的法律现实主义思想并不像学者们通常理解的那样,被认为仅仅是对法律事实的纯粹客观描述。事实上,在弗兰克的理论建构过程中始终存在着一种价值追求的导向,这或许就是他最为独特之处。

然而,弗兰克"看得见的正义"是何种性质的正义呢?关于正义的一种基本分类就是区分实体正义与程序正义。有学者指出,"所谓的'看得见的正义',实质上就是指裁判过程(相对于裁判结果而言)的公

---

① J. Mitchell Rosenberg, "Introduction", in *Jerome Frank: Jurist and Philosopher*, Philosophical Library, Inc., 1970, p. 11.

平，法律程序（相对于实体结论而言）的正义。"① 并且，这一结论是源自于英美法律格言——"正义不仅应得到实现，而且要以人们看得见的方式加以实现。"（Justice must not only be done, but must be seen to be done.）他认为这句格言的意思是说，案件的审理不仅就实体法的规定和精神而言是正确、公平的，而且还应当使人感受到判决过程的公平性和合理性，换句话说，司法机构对一个案件的判决，即使非常公正、合理、合法，也还是不够的；要使裁判结论得到人们的普遍认可，裁判者必须确保判决过程符合公平、正义的要求。

在笔者看来，陈瑞华在对格言进行阐释的过程中将实体法的规定和精神与案件的判决等同起来，而这种替换对于上述格言来讲却具有不同的意义。如果说将应得到实现的正义理解为实体法的规定和精神，那么"看得见的方式"可能就有两种理解：其一就是其所言的程序上可以感受得到，其二则是指可以感受得到真实的权利和利益，这种权益是现实的而非实体法的；如果认为看得见的方式仅仅能作为一种程序上的要求，那么应该得到实现的正义在更大的程度上应该是指一种当事人已享受的真实权益。因此，就一般意义而言，笔者认为，从法律格言并不能逻辑地推演出看得见的正义是一种程序正义。

具体到弗兰克自身的理论，他认为，为了分析的目的可以将权利区分为实体权利与程序权利，而所谓实体权利是指由实体法律规则予以承认保护的利益，司法判决则是实体性法律规则适用于程序性确立事实的结果。在此基础上，对任何"实体权利"的有效主张完全地就依赖于权利主张者维持其所谓的"程序性权利"的能力。因此，"从诉讼的目的而言，并没有实体性的权利存在——无论该权利是由私人主张的还是由政府以实体性刑法规则的辩护者角色主张的——除非法院作出有利于主张权利的权利持有者的强制实施性判决；然而，一般说来即使当法院使

---

① 陈瑞华：《看得见的正义》，中国法制出版社2000年版，第2页。

用看似正确的规则,如果它在事实认定上出现错误的话,它也不会作出这样的判决。"① 由此,我们可以看出,弗兰克最后还是将问题转移到了,由于案件事实的不同判断可能影响法律规则中所规定的实体权利的实现,也就是说,弗兰克所关注的仍然是当事人所能切实享受到的权利,虽然案件事实的确立过程是一个程序问题。保罗曾提出,"尽管弗兰克主张初审法院应该进行专门的调查,并主张采取其他的技术变化,但是主要由于他认为程序改革不能解决调查真实事实的问题,或者实质上提高初审法官的能力,弗兰克对程序改革者毫无敬意。"② 因此,从诉讼结果的角度而言,笔者更倾向于将弗兰克的"看得见的正义"归为实体正义。

在与各种理论的交锋中,在内在根本诉求的指引下,弗兰克完成了从规则怀疑论向事实怀疑论的转变。这一理论转向的重要之处就在于,弗兰克不再从立法的角度出发去设定法律所应当具有的特性,而是转向从司法实践中具体情形的角度出发去阐释"现实中的法"。换一个角度看,它意味着弗兰克对行动中的法的更深刻的理解:一方面超越了建构自洽性法律规则体系的努力,另一方面将事实从规则中剥离出来,成为法律的一个独立于规则但与其同等重要的因素。最重要的是,弗兰克看到了规则与事实的双向互动。

与此同时,法律的正义标准也不再是超乎规则之上的一系列正义、道德标准的自然法原则,因为"它没有为评价大多数诉讼中初审法院的事实裁决提供有用的标准,并且也没有为确保判决一致性、确定性或预测性提供帮助。自然法致力于人为规则——亦即,抽象或一般化程度不同的关于人们可以或不可以合法做什么的人类阐释——中的正义以及适

---

① Jerome Frank, "Cardozo and the Upper-Court Myth", *Law and Contemporary Problems*, Vol. 13, 1948, p. 388.
② Julius Paul, *The Legal Realism of Jerome N. Frank: A Study of Fact-Skepticism and the Judicial Process*, Martinus Nijhoff, 1959, p. 86.

当的确定性。然而，为了具有实践意义，司法正义必须不仅是抽象层面的，而且是具体层面——在法院对许多个别的具体案件作出的判决——的正义"。① 如果说弗兰克的法律思想与自然法之间的确存在某种关联，那么"弗兰克仅仅在最一般的意义上赞同自然法，最多是作为精确评价人定法的一种正义及道德标准"②。

弗兰克既反对人类理性的至上性，又拒绝承认自己是一位反理性主义者。他认为，"就经验的大多数方面而言人类是无知的并且一直如此，这一点是真实的。因为在宇宙中存在许多因素，由于我们有限的装备，我们一直，几乎确定地生活在黑暗之中。因此，无知将一直在人类事务中扮演重要角色。但是因为无知并且必定是很大的程度上的无知，我们便没有理由沉溺于其中，也没有理由来减少我们尽可能地降低不可知的努力。"③ 所以，他反对一般法律规则体系的建构，却主张每一个案件的实际的法律；他反对抽象正义原则的设立，却主张人们应该享有看得见的正义。

然而，正是这种对可以真实享受的正义的单纯追求，在不知不觉中将个案中的个人孤立起来，正是在突出个人重要性的同时却将个体与社会整体完全对立起来，从而抹煞了不同案件之间的利益冲突。弗兰克认为正义与社会福利相联系，增进"大多数人的社会福利"即意味着实现正义，但是个人的幸福一定是与大多数人的福利相一致吗？这一问题无疑是弗兰克看得见的正义所不能解决的。因此，我们必须在这一法律理想背后探寻更为深层的理论诉求，即个人潜能可以最大化、每个人都有幸福一生的社会理想。

---

① Jerome Frank, *Law and the Modern Mind*, Gloucester: Peter Smith, 1970, preface to sixth printing.
② Robert J. Glennon, *The Iconoclast as Reformer: Jerome Frank's Impact on American Law*, Cornell University Press, 1985, p. 64.
③ Jerome Frank, *Courts on Trial: Myth and Reality in American Justice*, Princeton University Press, 1963, p. 425.

通过上述分析，我们可以得知，弗兰克所追求的正义是体现于每一个具体的案件之中的，亦即只有对切实影响到涉案当事人的利益的法律才可以谈论它的正义与否。他认为，人们对法律确定性的盲目追求，实际上抹煞了体现于法律规则之中的抽象正义与人们可以真正享受的具体正义之间的巨大鸿沟。虽然抽象正义的存在似乎是永恒的、普适的、无须证成的，但是在特定社会的特定时期下，特定的时空必然要对正义原则进行序列安排。也正因为如此，单纯地关注法律规则并不能解决具体案件的正义问题。因此，追求所谓的看得见的正义必须回归到每一个具体案件的最为独特的案件事实上来。

但是，依据每一个案件的独特方面所作出的判决对于当事人的影响体现了他们真正可以享受得到的正义，而这种正义有时是与抽象的正义理想背道而驰的。问题也就接踵而来，针对案件的不同方面作出不同判决就一定是正义的吗？在弗兰克看来，只有关注这种看得见的正义，才可能实现他所希望的个人潜能可以最大化、每个人都有幸福一生的社会理想。社会由个体组成，就每个个体而言，人是自私的，因而看得见的、具体的正义对个人而言才尤显重要；但人不是孤立的，在社会之中，人与人之间会产生各种各样的关系，甚至这种关系会影响人对自身利益问题的决定。因此，笔者认为，弗兰克单纯依赖看得见的正义，不仅不能真正实现他所期望的对个人权利的有效保障，而且还会使其法律现实主义理论陷入一种极端个殊性的尴尬局面。所以，弗兰克只有在看得见的正义与社会理想之间建立关联，才能更好地完善其理论体系。

第五章　弗兰克法律现实主义思想的再剖析

如果说上述的分析使我们在弗兰克具体且零散的观点的背后，发掘出了一条嵌在其理论之中的内在逻辑线索，使我们更直接地把握到弗兰克的法律现实主义思想的内涵，那么面对看得见的正义所带来的理论困境，我们则需要更为深入地对弗兰克的法律现实主义思想进行剖析，以期在深入剖析的过程中全面洞见弗兰克法律思想的可能意义与理论限度。也就是说，我们必须以整体性的视角从相关评论的争论焦点、弗兰克法律思想的理论前设出发，全面地把握其理论追求与理论出路，为正确恰当地评述其所做出的学术贡献作好准备。

因此，一方面为了避免因为纠缠于某一细枝末节而本末倒置所引发的对理论主张完整性的忽视，另一方面也力图避免因停留于某项主张而采取标签化处理所导致的可能误解，笔者在这一部分将对弗兰克法律现实主义思想展开整体性的分析。

一、争论焦点

在弗兰克法律现实主义研究所开放出来的一系列问题中，对司法过程的关注，对具体案件判决结果的关注以及对初审法院事实调查的关注，无疑都引起了学者们的广泛关注，甚至对某些问题的解答已经被大家广泛认可。但是,弗兰克的学术思想所招致的更多的是一些批判与反对的声音。然而,论争不能被简单地归结为相左的理论立场或理论观念之间的交锋,或者轻易地去评判他们之间的是与非、对与错、高与低,因为任何理论都只是某种特定的假设系统,而非确定不变的真理。也就是说,面对理论论战时,我们不能简单地采用"胜者为王、败者为寇"的二分逻辑,而是在论战的过程中去发现各自理论所可能具有的意义与限度。

就本书而言,笔者选取了学者们集中质疑的确定性问题、视角问题、关注的领域、判决一致性以及法律效力五个方面加以考察。之所以选择这几个方面主要是基于两方面的原因:其一,这五个问题是弗兰克理论阐释的核心问题,是深入理解其理论的关键;其二,这五方面的质疑是最具影响力的,对其的回应程度将直接体现弗兰克理论的合理性与限度。

(一)否定法律的确定性

对于法律确定性的质疑是弗兰克法律思想发展的主线,也正是在这一问题上的始终如一的立场使他遭受了最为严峻的批判,甚至成为被人们否弃的最主要的理由。批判者们讨论的核心主要集中在以下几个问题上:关于法律不确定性论述本身成立与否?法律不确定性论断的目的何在?对于法律不确定性所进行的心理学论证是否有效?

同为美国法律现实主义代表人物的卢埃林首先展开评论,他认为,弗兰克尝试探寻情感驱动以及遗传心理对理解法律方式的贡献几乎是独一无二的。他使人们想起法律是对人与社会的研究。在其攻击完全确定性的幻象时,却对存在何种确定性重视不够;在理解了个别的重要性时却几乎否认了一般的重要性。[①]

如果说卢埃林的论断主要停留在对法律确定性问题的不同解答之

---

① See K. N. Llewellyn, "Legal Illusion", *Columbia Law Review*, Vol. 31, 1931, p. 82.

上,隆迪斯(Charles L. B. Lowndes)和洛基夫(Henry Rottschaefer)却为我们揭示了弗兰克探究法律确定性问题的背后的原因。隆迪斯认为,弗兰克对基本神话感兴趣,不是因为它是一个神话,更重要的是基本神话所带来的不利后果,即对法律形式系统的关注而不是对司法直觉的重视。① 而洛基夫则认为《法与现代心智》一书的出版是因为弗兰克对当下法律思维不满,其目的是揭示这种思维的基本缺陷,发现它的根源并指出解决的方式。现代思维方式的主要缺陷是基本神话,这种神话的重要基础是在不确定的世界中对确定性的情感期望,而这种神话因其心理学渊源而依附于法律。弗兰克使用心理学的解释来作为批判与其竞争的理论以及发展自身理论的理论渊源。②

洛基夫将对弗兰克的论述目的的阐释转移到心理学方法的使用上,这也就涉及其他论者关于此种方法的使用是否能达致其论旨的疑虑。隆迪斯认为,"不确定性的问题在霍姆斯那里已被阐释,但是使用对父亲的固恋(fixation)来解释对确定性的渴望可以说是弗兰克的原创。"③ 假如这一论断是正确的,那么对于弗兰克原创性的学术贡献,学术界又是如何评价的呢?

卢埃林指出,"弗兰克不仅仅建立了基本法律神话的存在以及显示它流行的结果,而且要解释这种弊病的原因以及他进行治疗的方式。然而,因为心理分析的侵扰未能说清,所以导致其目的并未达成。"④ 考克斯(Oscar Cox)却认为《法与现代心智》在实质上是对司法思维过程进行的检验。虽然对为什么法律比科学规律更适合成为父亲的替代品,

---

① Charles L. B. Lowndes, "Review: Law and the Modern Mind", *Virginia Law Review*, Vol. 17, 1931, p. 623.
② See Henry Rottschaefer, "Review: Law and the Modern Mind", *Harvard Law Review*, Vol. 44, 1931, p. 481.
③ Charles L. B. Lowndes, "Review: Law and the Modern Mind", *Virginia Law Review*, Vol. 17, 1931, p. 624.
④ K. N. Llewellyn, "Legal Illusion", *Columbia Law Review*, Vol. 31, 1931, p. 84.

弗兰克并未给出充足的理由，如果《法与现代心智》一书仅仅为了激起更多法官和律师来检验他们的思维并且认识到个人心理学在判决过程中多么重要，那么它已经达到了他的目的。①

对此，阿德勒的观点则有所不同。他认为，弗兰克在借鉴理论时，对皮亚杰与霍姆斯的理论毫不质疑，也未意识到同法学领域一样在哲学与科学领域也存在着多种学说，也未真正理解法律、哲学或科学中争论的逻辑。而且成人的健康心智仅仅是一种规范的理想，一个有用的虚构。真正的成年人作为一个完全的怀疑论者是并不存在的。②保罗也有同样的担心，认为"只有心理学法律现实主义者寻求到可靠的经验根据，否则弗兰克的作为父亲替代品的法律观念将是令人怀疑的并且最多就是一个有趣的假设"③。也就是说，弗兰克在法律与父亲的替代品之间并没有建立一个有效的、令人信服的观念。

面对上述的质疑，弗兰克并未给予正式的回应，仅仅在《法与现代心智》第二次印刷时额外增加了三个附录。但是在进行第六次印刷时，作者的态度出现了明显的改变，坦言承认"对法律一词的定义，我犯下了一个严重的错误。因为这个词充满了模棱两可的意思，所以至少已经存在有十几种可辩解的定义。多增加一个也是无益。更糟的是，我发现自己立即被相互不同的法律定义者们所攻击"④。由此，我们可以看出弗兰克并不能认可上述评论者的观点，相反却认为关于法律确定性的争论是由于"法律"的词义不清而导致的，而与其所持的法律观干系并不大。所以只要可能，他将避免使用法律一词而直接陈述所要写的东西，

---

① See Oscar Cox, "Review: Law and the Modern Mind", *the Yale Law Journal*, Vol. 40, 1931, p. 672.

② See Mortimer J. Adler, "Legal Certainty", *Columbia Law Review*, Vol. 31, 1931, pp. 91–108.

③ Julius Paul, *The Legal Realism of Jerome N. Frank: A Study of Fact-Skepticism and the Judicial Process*, Martinus Nijhoff, 1959, p. 67.

④ Jerome Frank, *Law and the Modern Mind*, Peter Smith, 1970, preface to sixth printing.

即：(1) 具体的法律判决，(2) 它们是多么的难以预测和统一，(3) 制定它们所依赖的程序，(4) 为了对公民公正，这一程序在多大程度上可以并且应该被改善。但其仍然希望，读者无论何时遇到"法律"，都将会理解为仅仅是谈及具体诉讼的实际的过去判决，或者对未来判决的预测。

虽然弗兰克强调法律的不确定性是有重大社会价值的，但是波斯纳仍然认为："我不想太过分，说什么法官的胃口也会影响他的判决，说什么坚守规则的法官都有'权威主义人格'以及最好做一下精神分析……这些法官可能对每个案件的特点都相当敏感，这一点很不错，但是他们对法律不确定性的代价（主要是隐藏的代价）不够敏感。"① 为了保证社会在一个良好的秩序环境中运转，人们习惯性地认为法律应该具有相对稳定性，以便人们能够预先知道应该如何安排行为以及将要对自己的行为承担怎样的后果。

然而，人们在希望进行预测的同时却未曾考虑如何判断我们是否真实地预测了未来。这个问题的重要意义在于，判断标准的存在与否直接决定了人们是否已经完成预测。也就是说，只有在法院作出判决之后，人们才可能判断关于法律的预测与法院的判决是否一致，才能知道对于行为的事先安排是否合理。因此，我们只能对过去的预测是否成功作出判断，而对于未来的预测是无法确定的。也正是在这种意义上，笔者认为弗兰克关于法律不确定性的论断是有道理的，因为在判决作出之前任何人都无法判定预测的有效性。从另外一个角度而言，法官在面对某一诉讼案件时，实际上是在用自己的理解赋予这一案件以新的意义。因而，由于每一个独立个体的体验具有独特性，所以无从要求相同意义即判决结果的产生。

毋庸置疑的是，弗兰克关于法律不确定性的宣称对于破除传统观念

---

① [美] 理查德·A. 波斯纳：《法理学问题》，苏力译，中国政法大学出版社 2001 年版，第 62 页。

的束缚意义重大，其心理学的独特视角亦成为后人关注司法过程不可或缺的方面。也就是说，弗兰克在为我们解答一个为什么的问题。为什么人们一直信奉着一种基本的法律神话？为什么在现代文明下人们需要一种成熟的心智？现代社会与成熟心智的内在关联又是什么？然而，这种不确定性的考察却将人们从一个极端引向了另一个极端，也在不知不觉中使弗兰克自己与法律的稳定性截然对立，即完全忽视了法律制度或言社会秩序的内在一致性和稳定性。

（二）缺少法律的内在视角

自从霍姆斯提出法律预测理论，这种以司法过程为基础的法律观就被视作从外部视角看待法律的典型做法。如前所述，弗兰克的法律观所表达的是普通人对法律的认识，即只关心那些对自己生活产生直接且实质影响的法律判决。因此，弗兰克同样也是采取了这种外部视角。美国法学家约翰·迪金森是庞德的学生，他最早批驳现实主义用"外部观察者的观点"来分析法律。他指出正是将规则当作描述性概括，现实主义者便在判决过程的分析中引入了错误的观念。然而，迪金森却未曾考虑观察者同样可能会自愿服从规则的情形。从这一视角对现实主义展开更为精辟批判的则当数新分析法学创始人哈特。

在《法律的概念》中，哈特就法律不确定性引发的原因指出，"任何选择用来传递行为标准的工具——判例或立法，无论它们怎样顺利地适用于大多数普通案件，都会在某一点上发生适用上的问题，将表现出不确定性；它们将具有人们称之为空缺结构的特征。"[①] 而"法律的空缺结构意味着的确存在着这样的行为领域，在那里，很多东西需留待法院和官员去发展，他们根据情况在相互竞争的，从一个案件到另一个案件

---

① [英] H. L. A. 哈特：《法律的概念》，张文显等译，中国大百科全书出版社 1996 年版，第 126 页。

分量不等的利益之间作出平衡。"①

哈特从空缺结构对法律现实主义展开的批判主要集中在卢埃林为代表的规则怀疑者的身上，而对于弗兰克的批判主要是从规则的内在方面展开的。哈特认为，弗兰克等人"不承认存在着约束法院的规则"②，在更深层次上，他们拒绝承认司法裁决是法官在对规则进行承认和遵守的基础上作出的。在哈特看来，法律人（尤其是法官）对于法律至少持不同程度的内在观点是显而易见的现实："就大部分法院的情况而言，法院的裁决像棋手移动棋子一样，或者是由于真诚地尽力遵守规则而得出的，即他们有意识地把规则作为裁决的指导标准；或者是，如果裁决是靠直观得出的话，也是由法官作为前提而有意遵守的规则所证成，并且这些规则与手中案件的相关性是被普遍承认的。"③ 同样，对于外行人而言，规则的指引作用有其自身的运行机制，即在日常生活中，人们会自愿地遵守规则，例如红灯停，绿灯行。

然而，面对哈特的这一似乎切中要害的批判，笔者认为最为首要的问题是弄清楚弗兰克的外行人法律观是否就是哈特所批判的法律的外在观点。

为了廓清法律义务的确切所指，使其与"被迫做"、"克己"、"对社会压力的体验"以及"规律性、可能性与预测"等概念相区别，哈特诉诸"对规则的内在观点和外在观点"的区分。他指出，"在任何特定时间，依据规则（法律规则和非法律规则）为生的任何社会的生活都可能存在于两种人之间的张力之中：一方面是接受规则和自愿合作以维护

---

① ［英］H. L. A. 哈特：《法律的概念》，张文显等译，中国大百科全书出版社 1996 年版，第 134 页。

② ［英］H. L. A. 哈特：《法律的概念》，张文显等译，中国大百科全书出版社 1996 年版，第 138 页。

③ ［英］H. L. A. 哈特：《法律的概念》，张文显等译，中国大百科全书出版社 1996 年版，第 140 页。

规则,并因而从规则的观点来看待他们本人和他人行为的人;另一方面是拒绝这种规则,仅从把规则作为可能惩罚之征兆的外在观点出发才注意这些规则的人。"① 接受规则,视规则为行为理由,自愿维护规则,并依据规则来评价自己或他人行为,即对规则的内在观点;不接受规则,视规则为行为后果可能性的标志,从而只是作为观察者而行动,就是对规则的外在观点。更为重要的是,在哈特看来,法律人自觉接受法律合法性是法治的必要条件,也就是说在法治社会中法律人所持有的必然是内在观点,而对于外行人哈特认为外行人可以持有外在观点,也可以持内在观点,但是内在观点却可以让人接受义务而不被惩罚。

通过上述简要分析,我们可以看出内在观点—外在观点的区分标准是对规则的接受与否。而弗兰克的法律观所区分的是内部人与外部人,即法律人与外行人之间的区分,迪金森批评的基础则是参与者与观察者。这三对概念在含义上有所重合但不是一一对应的。法律人作为法律事务的内部人,却要以一种普通人的视角来看待法律;他是解决纠纷的重要参与者,却要以一种中立的方式表现为事物的观察者,"他代表了对体制的超然(detachment),他和它脱离了关系,对他来说不存在对体制的忠诚、忠实和体制的合法性、有效性、正确解释或尽可能完善的问题,他在体制中,但不属于它。体制是一个由他人创造、强加、实施(或不实施)的生活事实——一个人可以从中穿行、自由活动或从中受益,就像一个人可以在丛林或其他外在场景中所做的一样。"② 其中更为重要的是,内部人与参与者并不必然地对法律采取一种内在观点,而外行人与观察者可能出于某种原因而主张一种法律的内在观点。

从影响案件判决的因素来看,弗兰克的法律现实主义思想,无论是

---

① [英] H. L. A. 哈特:《法律的概念》,张文显等译,中国大百科全书出版社1996年版,第92页。

② William Twining, "Other People's Power: The Bad Man and English Positivism, 1897 – 1997", 63 *Brooklyn Law Review*, 1997, p. 222.

规则怀疑论还是事实怀疑论,破除了规则作为唯一因素的决定性地位,引入了众多可能影响判决的因素,但是这绝不能表明弗兰克对规则的排斥。只是在他看来,规则的作用时大时小,而且要随着法官和特定案件产生变化。换句话说,弗兰克所关注的核心并不是抽象法律规则规定了什么,而是作为判决结果的法律是如何形成的。在这一过程中,法院的裁判并不像"自动售货机"那样按照事前设置好的规则进行运作,而是充满了许多主观性的因素,这也就是前面所提到的案件事实对规则的重塑作用,同样也是弗兰克事实怀疑论的重要贡献之一。

(三) 对司法领域的单纯关注

在哈特看来,预测理论是一种将法律义务还原为对制裁的预测的做法,忽视了人们可能实际上接受法律的行为,并且他还认为法律是同时对普通公民和法律人的行为进行约束的。这也就涉及了下述两个问题:其一,从外行人的视角界定法律时,法律人与法律的关系是怎样的,其二,在司法过程中,法官剥夺当事人权利的权力来源是什么。究其本质,这两个问题实际上是在质疑作为具体判决的法律的正当性来源。

有学者指出,"如果法律全部变成法律适用者的判决或行动,那么,这将和长期以来形成的立法与司法相分离的观念以及民主的价值取向发生严重的冲突。"[①] 进而,他认为这些冲突足以表明这种概念是缺乏一种正当性基础的。这一洞见无疑是可以与大多数人达成共识的,然而,却忽视了弗兰克本人以及他所处的那个时代所面临的问题——民主的三权分立原则的基础是三权各自强大且足以制衡,而司法权的薄弱几乎让它难以当此重任。

对于单纯关注司法领域的做法,戴维·鲁本的批评似乎更为直接,

[①] 刘星:《法律是什么?——20世纪英美法理学的批判阅读》,中国政法大学出版社1998年版,第92页。

"这样定性很大程度上根源于从事审判实务之法律人士及诉讼当事人独特角度的观察，而忽略了立法所占据的整个半壁江山。立法已经取代了大部分的普通法这已经变得再平常不过了，我们今天生活在一个'立法的时代'。既如此，我们只把注意力排他性地集中到司法判决的制定上就未免不合时宜了。"①

但是，庞德与博登海默的批评却为我们的思考提供了一个不同的视角。庞德认为，当宣称法律就是法院判决时，就如同法律是主权者意志的产物而导致专断立法一样而导致专断司法。而避免使一种关于法律的理论转变为一种有关制定法律的理论，关键是在法律科学中保留伦理的、社会的、经济的要素。②然而，所有这些要素却是庞德认为的在司法中所应依据的非法律因素。对此，弗兰克却指出，此类要素已经融入影响法官判决的各项因素之中，而所有因素是一个整体，无法进行法律与非法律的界分。

博登海默则认为，法律现实主义的做法"建构了奥斯丁主义（Austinianism）的新形式"，奥斯丁将法律设想为至高无上的立法者的命令，而弗兰克等法律现实主义者却将法律看作是至高无上的法官的命令。"根据奥斯丁的观点，法官所造的法是真正意义上的实在法，因为法官所造的规则是从国家授予他们的权力中取得其法律效力的。"③同时，他还指出，"现实主义在纠正分析法学所具有的那种片面强调规范和概念的缺点方面作出了贡献，它使我们注意到主观感情因素和环境所产生的先入为主倾向常常侵入审判过程之中。但是，法律现实主义对法律规则

---

① ［美］戴维·鲁本：《法律现代主义》，苏亦工译，中国政法大学出版社 2004 年版，第 135 页。

② 参见［美］罗斯科·庞德：《法理学》（第一卷），邓正来译，中国政法大学出版社 2004 年版，第 98—101 页。

③ ［美］埃德加·博登海默：《法理学：法律哲学与法律方法》，邓正来译，中国政法大学出版社 2004 年版，第 127 页。

和法学理论在实际法律生活中的作用并没有予以足够的重视。它有时给我们（特别是在弗兰克的理论当中）显现的是一种过分强调司法专断和民事法官判决的图景，却未能给我们提供一幅在人类能力所能达到的范围内维持法律理性和一致性的蓝图。"①

然而，正是对民主政治的信奉，对三权分立原则的坚持，弗兰克才确信一个真正司法权的存在必要性。只有存在一个完全独立与高度受到尊重的司法权，就其重要性与地位来讲，不低于立法权与行政权，那么三权制衡机制才能有效运转。在普通法国家，人们普遍认可法官不得任意立法的观念，法院造法不能替代立法机关的功能，更不能肆意修改成文法的规定和含义，法官只是在有限的情况下才能创造法律。

在弗兰克那里，他所做的仅仅是描述司法过程的实际运作，而不去思考法官或法院应该做什么，更未曾试图僭越立法机关的法律职权。只是由于任何人都不可能得知法官会认定何种情况作为法律事实，因此在判决作出之前不存在任何法律权利和义务。法律规则的一切指引更多地表现为胜诉的可能性，而非获取利益的真实性。也就是说，司法过程在弗兰克那里已经不单纯是三权分立体系中相互制衡的一种因素，而且是权利、义务实现的必由之路。法律的存在与否并不在于是否由立法者或法官做出，关键的是发生实际的法律效力。只有具有实效的法律才是真正的法律。弗兰克认为，"霍姆斯的坏人理论迟早会强迫所有的聪明人承认法律世界的中心不在于规则而在于特定诉讼的特定法院判决。"②

在对传统法学进行批判的过程中，法律现实主义实现了从"书本中的法律"到"行动中的法律"的转化。也就是说，法律现实主义开始关注现实生活中法律的运行，即司法过程。正是在这一点上，法律与社会

---

① ［美］埃德加·博登海默：《法理学：法律哲学与法律方法》，邓正来译，中国政法大学出版社 2004 年版，第 221—222 页。

② Jerome Frank, "Mr. Justice Holmes and Non-Euclidean Legal Thinking", *Cornell Law Quarterly*, Vol. 17, 1932, p. 578.

进行了有效的连接。虽然立法也同样可以使法律与社会产生勾连，但是立法者却根本无法设想每个可能出现的情况。综上所述，强调司法过程的重要性只是弗兰克将法律与社会联系在一起考察的必然结果。

（四）忽视司法判决的一致性

对于具体案件判决过程的考察，尤其是对法官个性化因素的强调，使得弗兰克的法律思想受到众多质疑。对此，弗兰克提出，"据卢埃林、庞德和其他人所言，我低估了源自于下述压力的司法一致性：（1）成为法官的律师在法律教育和职业经历上的相似性，和（2）共同的司法传统。但是这些压力并未足够渗入以至于在种种个别的初审法官的那些独一无二的、特异习性的、不足以引起反应的偏见与特别爱好中产生相似性，而这些偏见与特别爱好影响他们对证人、当事人和律师的反应并且在事实调查结束时终止影响；并且，当然，上述压力对陪审员并不起作用。"① 对此，弗兰克始终认为，法官的判决是依据个人体验而进行的，任何因素的存在都不可能替代独特的个人体验。

弗兰克从不否认社会共同理想与价值的存在，并且认为它们一旦成为法律评价体系，法官则有义务遵守，"然而，除了那些习得的社会价值判断，每一位法官不可避免地有许多影响他公正审判的个人习性的心智知识，即独特的个人偏见。……坦率地承认这种偏见的存在是明智行为的一部分。尽责的法官将尽可能地意识到这种性质的偏见，并且通过知晓偏见使它不发生影响。"② 实际上，弗兰克主张，根据自己的见解作出判决的行为，能更好地为社会服务，更接近于真正的公平和正义。

德沃金（Ronald M. Dworkin）认为这种观点是不成立的，他认为法官自始至终都应受到法律的约束，法院的判决自始至终都存在唯一正确

---

① Jerome Frank, *Law and the Modern Mind*, Gloucester: Peter Smith, 1970, preface to sixth printing.
② Jerome Frank, "Opinion for the court", in re J. P. Linahan, Inc., 138 F., 2nd, 1943, pp. 652–654.

的答案，而像弗兰克等法律现实主义的各种主张是不负责任的。为此，他提出了代表法律实践者责任姿态的法律的整体性观点，认为整体性是法律的政治道德原则，代表着一种政治的美德和理想，是立法者和司法官员应该服从的内在政治义务。"整体性要求尽可能把社会的公共标准制定和理解看作是以正确的叙述去表达一个正义和公平的首尾一致的体系。"① 法官只要从坚持法律的整体性出发就能得出法律上唯一正确的答案。更直接相对的是，德沃金认为外行人并不像弗兰克描述的那样只关心具体案件的判决结果，而更倾向于认为"书本中现成的法律能够决定出现在法官面前的任何问题"②。

弗兰克对待这一问题却有着另一番逻辑。他认为，法官首先是人，其次才是法律人。作为社会整体中的个人是否必然共享一套基于某一职业而存在的共同道德和价值准则，是值得质疑的。法官并不能因为穿上法袍，遵守职业规范与道德，而丧失作为人的本性，成为超然的神。法官的人类特性似乎并不能对判决产生直接影响，就像人们可以接受社会、经济、政治等因素对于司法过程的影响，可以认可在"共识性道德"的支配下，能够保障案件审理的一致性，但是却坚信对判决过程中的个性因素的强调必然会带来专制的统治。

而在现行法律中，例如回避制度在一定程度上就可以被看作是对于人类缺陷的克服。或许，从另一个角度而言，正是因为人们对个性心理活动的不理解，而试图通过一些外在的、可把握的、可控制的行为规范来左右司法过程的进行。因此，我们可以得出结论认为，从弗兰克的角度而言，司法判决的一致性并不是必然性的，或者仅仅是一种未意图的结果。究竟是个性还是共识影响了个体的行为，这个问题

---

① ［美］罗纳德·德沃金：《法律帝国》，李常青译，中国大百科全书出版社1996年版，第196页。

② ［美］罗纳德·德沃金：《法律帝国》，李常青译，中国大百科全书出版社1996年版，第8页。

实际上混淆了事实问题与理论问题，即试图通过对事实的因果关系的描述来代替理论上的逻辑关系的推演。然而，主观心理状态与外在行为之间的因果关系事实上是很难说清楚的，在更多的情况下，人们所做出的分析可能只是事后对必要条件的推断，而不能提供事情发生的充分条件的说明。

（五）混淆法的效力与实效

张文显对法律效力进行过这样的总结，"在当代西方法哲学中，实证主义法学派认为，法的效力是一个'逻辑的观念'（logic notion），法的效力就是国家的约束力，因而凡是出自有立法权的机关的规则就是有效力的法。自然法学派认为，法的效力是一个'伦理的观念'（ethical notion），法的效力最终是法的道德约束力，因而有效力的法律必须是符合正义的和道德的。社会法学派认为，法的效力是一个'事实的观念'（factual notion），法的效力就是法对社会成员的实际的或事实上的约束力，亦即'实效'（efficiency, efficacy），因而那些从未对或不继续对社会生活起实际控制和指引作用的法律规则不能被看作是真正有效力的法。现实主义法学派认为，效力是一个'心理的观念'（psychological notion），法的效力取决于法对人民施加的心理影响和人民（主要是官员）接受其约束的心理态度。"[①]

鉴于美国法律现实主义与北欧法律现实主义理论倾向的差异，特别是在法的效力问题上立场的迥然不同，笔者更倾向于认为美国法律现实主义，采取了与社会法学派相同的"事实的效力观"，虽然这种效力观遭受了来自实证主义法学派的猛烈抨击。就弗兰克而言，由于心理学方法的运用更容易使人们相信他采取了一种心理的效力观。但是，弗兰克的法律观是建基于判决结果对当事人可能的影响之上的，

---

① 张文显：《二十世纪西方法哲学思潮研究》，法律出版社1996年版，第433—434页。

法律效力事实上的存在与否直接影响法律的成立与否。因此在弗兰克的理论中将法律效力等同于法律实效的现象是极为明显的。凯尔森（Hans Kelsen）明确指出，他通常将所谓的美国法律现实主义者视为社会法学在美国最为典型的代表，其典型的行为就是不进行区分法律效力与法律实效。

法律的效力问题与实效问题是法律紧密相关的两个方面。两者是否必须加以区分，区分的意义何在？换个角度而言，将二者混淆的弗兰克会面临怎样的理论困境？

按照凯尔森的逻辑，法学家将行为当作规范的内容，研究的客体是法律规范，而社会学家将行为视为一种自然现实中存在的现象，研究的是行为的原因与结果，规范则是选择行为的标准。而"法律社会学无法将其研究对象——法律——与其他社会现象明确区分；也无法将其特殊的客体区别于一般社会学（general sociology）的客体——社会"①。

凯尔森认为，法的效力与实效是截然不同的、必须明确区分的两个方面。具体而言，法的效力就是指法律规范对行为人具有的可能的约束力，而法律实效就是人们的行为实际服从法律规范所规定的内容。而法律现实主义者的最大错误就是将这种法律规范的"应当"与现实的"是"完全等同起来。"这种行为之所以吸引人，是因为它看起来可以使理论情况简单化。然而，这种努力注定是要失败的，不仅仅是因为一个部分没有实效的法律秩序或法律规范可能被认为是有效力的，以及一个不可能被违背的绝对具有实效的规范可能被认为是没有效力的，因为它根本就不能说是一个规范；还尤其因为：如果效力，即法律的特殊存在，被看作是自然现实的一部分，那么人们就无法掌握法律指向现实并从而与现实并置的特定意义，只有法的效力不等同于现

---

① Hans Kelsen, "The Pure Theory of Law and Analytical Jurisprudence", *Harvard Law Review*, Vol. 55, 1941, p. 55.

实,现实才能符合法律或与法律相冲突。正如在确定效力时忽视效力与现实的联系是不可能的一样,将效力和现实等同起来也是不可能的。"①

正如我们所了解的,凯尔森所做的是确定法院应如何判决以便与现行有效的法律规范相一致,由于他认为只有法律规范具有效力的前提是法律实效,因而法院的实际行为与法律规定的行为也就没有多大差别了。因此,在笔者看来,凯尔森与弗兰克的最大区别在于对法律规范为什么要被遵守的不同解答。在凯尔森看来,弗兰克等法律现实主义者将效力与实效等同的做法在根本上是将法律效力的成立条件混同于法律具有效力的原因,因为"关于为什么某件事应当发生的问题决不能用断言发生某件事来回答,而只能用断言某事应当发生来加以回答"②。但是,法律规范并不能证明它应当被遵守,也无法证明它实际上是否被遵守。对于弗兰克而言,法律的实效是法律成立的要件,如果没有法律,法律的效力便无从谈起,即法律规范因为事实上被遵守了才成为法律,才使人们注意到它所拥有的效力。

二、思想前设

虽然上述这些批评并没有从根本上彻底颠覆弗兰克的法律现实主义思想,但是我们通过这些理论却可以对他的思想进行更细致的辨析,甚至可能发现一些含混不清的模糊地带。但是,如果就此止步,我们可能会了解弗兰克法律理论究竟说了些什么,但却很难回答他为什么会提出这样的理论问题,他又为什么会如此这般地去解答。笔者认为,只有深刻剖析弗兰克法律现实主义思想的基本前设,才有可能真正发掘他的理

---

① Hans Kelsen, *The Pure Theory of Law* (revised edition), California University Press, 1967, p. 214.
② [奥]汉斯·凯尔森:《法与国家的一般理论》,沈宗灵译,中国大百科全书出版社1996年版,第125页。

论限度。因此,在这一部分笔者将从三个方面来揭示弗兰克的理论前设。

(一) 个殊性的诉讼案件

从弗兰克的法律观来看,法律就是对具体案件的判决,诉讼当事人与其代理律师所关注的是特定案件的具体判决结果。因此,判决的具体形成过程成为弗兰克的理论关注点,案件的单一性、具体性则是其思考问题的出发点。整个司法过程正是由一个个具体的诉讼所构成的,"法官的职责就是要对个殊性案件作出裁判"①。

每一起诉讼案件的裁判都是为了解决实际的案件纠纷,使处于不安全状态的法律关系恢复到未被侵犯的状态,因此各种抽象规范或者一般规则所规定的内容被转化成现实的行为。而涉及案件的当事人为了确保各自利益的最大化不停地左右着整个司法过程的运行。法官必须在每一个案件中考虑具体的人们的不同情况,直接观察人们的行为,推测他们的目的与动机,最终把法律适用于他们所认定的案件事实。也就是说,即使法官承认从不同案件中一般化而来的规则的存在,这些规则也只能是有助于做出判决,而不能直接做出判决。一个判决是所有这些影响(包括所谓规则的影响)的结果,但不是这些影响本身。这种区别就如同烹饪的材料与烹制好的苹果派的区别相同。② 只有在特定诉讼的特定判决中才能最充分地展现影响判决的众多因素。

弗兰克认为,"在做出一个具体的可执行的判决之前,律师关于任何人法律权利与义务的建议以及律师所准备的每一个文件中的所有权利和义务都受制于不可避免的不确定性,而这种不确定性是由下述事实引起的,即在对与那些具体权利和义务有关的未来的诉讼做出一个具体的

---

① Jerome Frank, *Law and the Modern Mind*, Coward-McCann Publishers, 1930, p. 127.
② Jerome Frank, "Are Judges Human?", *University of Pennsylvania Law Review and American Law Register*, Vol. 80, 1931, p. 40.

可执行的判决之前,任何具体的权利或义务都是不可知的。"① 也就是说,司法过程中的所有的个案问题都是具体的,而且从事实视角审视法律问题,就会发现,原本看似系统完美的法律条文与法律规范,在事实面前往往显得支离破碎。因此,多变的案件事实决定了案件与案件之间的差别,也进一步地决定了法律之间的不同。

将个殊性的诉讼案件作为弗兰克法律思想的理论前设,是因为在弗兰克看来,每一个具体案件的判决结果最为直接地影响每个人的实际生活,每一个案件的判决结果也最能体现法律平等保护的理想。具体到他的理论建构,可以从以下几点加以考虑:其一,虽然案件事实的独特性是个殊性诉讼案件成立的前提,但是只有承认这种案件的存在,弗兰克的事实怀疑论才有建构的可能。假如脱离案件的具体情境来讨论案件事实既不可能也不真实。其二,个殊性的诉讼案件是弗兰克法律观形成的基础。如前所述,弗兰克认为只有当案件的判决结果实际地影响了当事人的生活时,针对该案件的法律才得以存在。其三,作为根本诉求的看得见的正义实质上就是个案判决结果的正义。由此可以看出,个殊性的诉讼案件这一前设既是弗兰克的理论出发点也是他的理论归宿点,如果这一前设并不存在,弗兰克的法律理论不但不堪一击,甚至会荡然无存。

(二) 个人权利与公共权力的对抗

虽然弗兰克在后期思想中对霍姆斯的理论进行了严厉的批驳,但是,在笔者看来,弗兰克却始终与霍姆斯共享同样的理论前设。霍姆斯在《法律的道路》② 一文中,开篇伊始就隐晦地提出了这一预设。他提

---

① Jerome Frank, "Are Judges Human?", *University of Pennsylvania Law Review and American Law Register*, Vol. 80, 1931, p. 46.
② 对于"The Path of the Law"这一篇名的翻译,笔者持保留意见。但方便起见,在本书中笔者仍采用通说,将其称为《法律的道路》。

出，法律之所以是一个职业，原因在于与美国类似的各种社会中，公共权力在某些情形中委托给法官掌控，并且在必要的情况下人们会运用国家的整个权力来执行他们的判决和裁定。人们想知道在何种情形下以及在多大程度上，他们将冒险对抗比他们自己更强大的事物，并且因此，发现何时这种危险会引起人们的担心便成为一种职业。那么，职业的目标就是预测，即对通过法院行使的公共权力所涉范围的预测。①"弗兰克相信，民主的兴起无法避免地与作为反对国家或教会的权力的个人权利的发展相关联。"② 民主政治的根本问题是国家权力与公民权利的关系，即防止国家机关滥用权力、保障公民权利的问题。

"'国家'首先进入法理学视野是由于民族国家兴起的过程中，各民族国家为了争夺欧洲政治的统治权，不仅使'主权国家'成为政治生活中必须面对的要素，而且国家面对外部威胁的安全问题成为思考的重心。'国家理性'学说由此诞生，以探索主权国家持续存在的机理，宪政和法治正是在'国家理性'的背景下开始兴起。"③ 一旦国家从社会中抽离出来，王权披上了公共权力的合法外衣，随之而来可能并不是真正的权力公正性，而可能是一种专制主义，法律也就变为一种真正的统治工具。依循美国的普通法传统，人们遵守法律的原因在于他们要信守承诺，遵守让渡权利组成公共权力国家而缔结的契约。而这一主张的前提就是个人优于国家。但是即使我们可以在逻辑上假定这一前提是可以存在的，它的作用也只不过是为国家的产生和存续提供一种合理的解释；在现实生活中，个人总是生活在某种政治共同体之中，国家的强势

---

① See Oliver Wendell Holmes, "The Path of the Law", *Harvard Law Review*, Vol. 10, 1897.
② Walter E. Volkomer, *The Passionate Liberal: The Political and Legal Ideas of Jerome Frank*, Martinus Nijhoff, 1970, p. 123.
③ C. J. Friedrich, *Constitutional Reason of State*, Brown University Press, 1957; Maurizio Viroli, *From Politics to Reason of State*, Cambridge University Press, 1992. 转引自强世功：《迈向立法者的法理学——法律移植背景下对当代法理学的反思》，《中国社会科学》2005年第1期，第120页。

地位在针对单个个体时尤显突出，为确保个人利益而组成的国家却成为个人利益的最大威胁者。

弗兰克对此的重大疑问就是，什么理论能够解释人与人如何在双方都自由的情况下，为了共同的利益而融洽地生活在一起。由此，我们可以进一步推断，弗兰克的前提，人都是自私的，如果没有限定权利的范围，就会引起权利的冲突。在一定意义上弗兰克赞同霍布斯关于自然状态是战争状态的论断。但是，这种自然状态到国家的过渡却是以天赋人权假定为前提的。很显然，弗兰克是不会承认这种形而上学基础的存在的。那么，如果说将诉讼交由法院处理的行为，实际上意味着在现代社会中人们放弃了作为获得个人权利工具的个人战争而诉诸公权力解决，而公权力又能在多大程度上保障私权利的实现呢？在现实生活中的弗兰克，不得不面对古典契约论的内部矛盾，始终无法摆脱个人与国家的无限纠缠。

"作为杰罗姆·弗兰克哲学的一部分，对事实的强调表现了他的这一愿望，即每个人的权利不会在国家司法机器的重压下被压垮。"① 在《法与现代心智》中，弗兰克试图将法律从人们对神话的执迷中解放出来，变革公民与政府之间关系的旧有观念，为公民与政府关系的新观念与理想开辟新的道路。在《初审法院》中，弗兰克明确谈到，"一个法院判决不仅仅是一项个人事务"，"法院代表了运转中的政府，即有组织的社会。"② 因而，弗兰克最为关注的是如何通过司法过程来确保个人权利得到有效且公正的保障。"他的目标是，当他感觉这个社会正在失去每一个人独一无二的价值的信念时，在这个国家重建这种理想。"③ 但

---

① Walter E. Volkomer, *The Passionate Liberal: The Political and Legal Ideas of Jerome Frank*, Martinus Nijhoff, 1970, p. 91.

② Jerome Frank, *Courts on Trial: Myth and Reality in American Justice*, Princeton University Press, 1963, p. 95.

③ Walter E. Volkomer, *The Passionate Liberal: The Political and Legal Ideas of Jerome Frank*, Martinus Nijhoff, 1970, p. 41.

是，另一方面弗兰克支持罗斯福新政，支持政府加强对社会的管理和对经济生活的干预，认为政府需要对人们能否过上良好生活承担责任。在理论上，他相信政府的干预可以促进个人自由。"个人成为国家的缩影，为个人的独特目的而努力；国家成为一个放大的个人，它的目的就是关心人们生活的改善，在国家生活中，每个人都会找到自己的位置。"① 从根本上说，弗兰克强调个人权利的重要意义并不在于将个人权利凌驾于公共权力之上，而是通过提升个人权利进而促进大多数人的福利。

（三）手段与目的二分的工具主义

美国经济分析法学创始人波斯纳认为，"实用主义法理学真正蕴涵的一切——并且它在1897年或1921年所蕴涵的同它今天所蕴涵的同样多——就是拒绝这样一种观点：法律是基于某些永恒原则并以逻辑操作予以实现的东西，就是决心把法律当作一种工具，为一些社会目标服务。"② 之所以要将所有实用主义法学所共享的这一前提作为弗兰克法律思想的独特前设来提出，是因为弗兰克自始至终贯彻实用主义进路。也正是因此，他的法律现实主义思想"避开了抽象与不适当之处，避开了字面上解决问题，不好的验前理由，固定的原则与封闭的体系，以及妄想出来的绝对与原始等等。它趋向于具体与恰当，趋向于事实、行动与权力"③。这一点最明显地体现在弗兰克的法律观上，即并不判断抽象法律规则在实在论意义上的真实与否，否定了对脱离经验感知的规则体进行认识的可能性与必要性，而单纯从效用的角度考察作为司法判决的法律的存在。"实用主义法律工具论和后现代法理学紧密地结合在一起，

---

① Herbert Croly, *The Promise of American Life*, Dutton, 1909, p. 414.
② [美] 理查德·A. 波斯纳：《超越法律》，苏力译，中国政法大学出版社2001年版，第464页。
③ [美] 威廉·詹姆士：《实用主义》，陈羽纶、孙瑞禾译，商务印书馆1979年版，第29页。

构成了一场分散的、微观权力的法律游击战。"①

布迪厄在《法律的力量——迈向司法场域的社会学》中提出,"一门严格的法律科学,区别于我们通常所说的法理学就在于它把后者作为自己的研究对象。一旦作出这种区分,那么这门法律的科学就立即使自己摆脱了法理学中处于主导地位的关于法律的论辩,即形式主义和工具主义之间的论辩。形式主义主张司法形式在与社会世界的关系中是绝对自主的;而工具主义将法律看作是一种反映,或者服务于统治集团的工具。……形式主义法理学将法律看作是一个自主的和封闭的体系,其发展只有通过其'内在的动力'才可以理解。……与此相反,工具主义者的理论核心趋向于将法律和法理学看作是现存的社会权力关系的直接反映,其中经济决定了一切,尤其是表达了统治集团的利益,也就是说,它们是支配的工具。"② 也正是在这个意义上,弗兰克等法律现实主义者作为对于法律形式主义的反叛而出现便具有一定的合理性。

对于手段与目的的关系问题,弗兰克并没有进行专门的讨论,但是我们却可以从他对耶林和庞德的评述中加以了解。弗兰克认为,耶林的《作为达致目的的手段的法》一书的书名本身就暗示了,法律应该是易受影响的和明显有意图的,即它应该被有意识地用作达致想得到的社会结果的一种手段。③ 但是,尽管耶林认为法律应该现实地处理个人间的各种差异,但他有时明显地反对争议的个人化,也就是说,耶林试图在抽象层面上解决法律案件。并且,耶林认为,如果正义从天而降并且被明确详尽地书写成法律以至于法律的适用是一项机械程序时,就无须考虑司法,并且正义的领域在人世间也就完善了。因此,弗兰克认为当耶

---

① 强世功:《迈向立法者的法理学——法律移植背景下对当代法理学的反思》,《中国社会科学》2005 年第 1 期,第 117 页。

② [法]皮埃尔·布迪厄:《法律的力量——迈向司法场域的社会学》,强世功译,见《北大法律评论》第 2 卷第 2 辑,法律出版社 2000 年版,第 496—545 页。

③ Jerome Frank, *Law and the Modern Mind*, Coward-McCann Publishers, 1930, p. 217.

林将作为父亲替代品的法律描述为人世间正义领域中一套精确、详尽、法官可机械适用的法律体系时,耶林本身是儿童所寻求的父亲的替代品的受害者。这一点在耶林寻求法律的最大限度确定性时,表现得最为明显。

弗兰克认为,没有人曾像庞德那样多方面地考虑法律史中确定(certainty)与变化(change)的冲突问题,但是对于法律确定性的需求却需要认真讨论。庞德将法律视作保护社会利益的手段,特别是将稳定性的需求归因于一般安全中的社会利益,并且认为一般安全中的首要的社会利益是引导人们寻求确保稳定社会秩序的人类行为分类的某种固定基础。换句话说,庞德将稳定的需要视作在社会群体中消除战争与冲突和获得和平与秩序的实践的社会需求反应。同时,弗兰克还指出,庞德虽然看似将确定性的需求建立在客观实践的需要之上,但是却不能解决产生于法律哲学和实践中基本问题之上的他所谓"首要"与"次要"的两种同为实践的社会利益之间的冲突。最终,弗兰克还是将此归结为庞德不愿放弃旧有的法律神话,并提出了两个在庞德体系内部的矛盾问题①——其一,为什么庞德宣称"无法官造法"的信条,却试图保存它?其二,为什么他揭示机械法理学的愚蠢,却希望在行动中相当大的程度上进行保留?

但是,弗兰克关于耶林和庞德的批判却是建立在与他们同样的前提之上,即目的—手段二分基础之上的。也就是说,弗兰克、耶林和庞德均试图在法律之外为法律寻求一种辨别是非功过的标准,而法律本身仅仅是达致不同目的的手段。那么,在这种意义上,我们可以按照弗兰克的心理学解释,相对狭隘地将三者不同的目的归为针对特定历史情形每个人所作出的不同的个人体验。

针对这种目的——手段二分的前提,新自然法学家富勒却提出了不

---

① Jerome Frank, *Law and the Modern Mind*, Coward-McCann Publishers, 1930, pp. 215 – 216.

同的看法,"这些形式(社会秩序的各种形式,笔者注)只有在它们的最显而易见的方面,即它们被视作实现人之目的的手段,才能得以被普遍考虑。但是在两个紧密相关的意义上,它们也是自身的目的。在下述意义上,他们也是目的:尽管我们创制了社会秩序的形式,它们有助于我们成为现在的样子,但是事实上人依赖于社会而存在。任何特定的经济体系不仅旨在实现先前的需求,而且也产生了它自己独特的人类需求模式。再者,社会秩序的任一形式与以前一样都包括了它自己的内在道德。"① 富勒认为,弗兰克等人将法律沦落为单纯的"直觉"、"偏见"、"权力"或某种形式的任性行为,是一种愤世嫉俗的和破坏性的观点,实质上忽略了作为手段的法律自身所具有的内在价值的问题,因此,无论他们反对抽象理性主义多么有道理,由于坚持了手段与目的的彻底分离,他们与实证主义者都可以被看作是在试图张扬人的主体性。

从哲学史上对目的与手段之间相互关系的认识来看,笔者认为,弗兰克与富勒秉承的实际上是两种不同的目的观。弗兰克倾向于一种外在目的论,即手段是依托目的而存在,相对于目的才有价值;而富勒的内在目的论则把自然物视为以自身为目的,认为在事物自身的必然性中存在着目的性,目的与工具是内在的并能够互相转化的。富勒的内在目的论也不能因为批判了外在目的论自然而然地获得了一种正当性的论证,法律内在道德的存在是其理论的基础,然而在弗兰克看来,对于作为工具的法律进行描述更有利于人们了解法律的真实面目,进而才可能有助于实现正义目标。因此,无论是内在目的论还是外在目的论,最关键的问题是其对论者的理论建构而言所具有的意义与限度。

按照美国法史学家霍维茨的分析,法律不再被认为是习惯表达的、源于自然法的一套永恒原则,它不再被当作主要是为个案中伸张正义而

---

① Lon L. Fuller, "Human Purpose and Natural Law", *the Journal of Philosophy*, Vol. 53, 1956, p. 704.

设定的规则体系，是因为法官逐渐认为，普通法与立法一样，都要承担调整社会关系的责任，都要承担管理社会并鼓励符合社会期望的行为的责任。也就是说法律成为工具是为了更好地促进社会变革。法律的作用在很大程度上是通过法官对于社会政策的体认而实现的，法官作为法律的操纵者在司法过程中的作用和影响理所当然会被关注。

在美国社会发生重大变革的时期，不断分化与出新的利益要求法律作出及时的确认，也正由于工具性的法律会随外在目的的不同设定而呈现出不同的变换，使得工具主义的法律观在那一时期被普遍接受。弗兰克所说的体现于每个具体案件之中的、变动不居的"看得见的正义"更是适应时代需求的产物。

但是，这种工具主义所固有的缺陷也同样是弗兰克的理论不可避免的——法律不能再去寻求其自洽性，也不能拥有自身的评价标准，一切都由外部结果所决定。弗兰克关心的是法律作为工具如何来实现各种利益，那么单纯从利益的实现角度来判断法律的功效就会遮蔽法律本身的性质。弗兰克的工具主义法律观如何能避免恶法之治的可能呢？

邓正来在对庞德社会学法理学进行拷问的时候，对整个实用主义法学也提出了严厉的质疑，"实用主义的法律思想往往把法律的功效与法律的性质这两个虽有联系却截然不同的问题混为一谈：凡是对特定法律目的的理想途径有用的和有效的法律，就是具有'真理'性质的法律。但是，这绝不意味着这种实用意义上的'真理'性质的法律就一定是善法。"[①] 工具主义的最大危险就是只能评判能与否，却无力决定善与恶。而弗兰克的"看得见的正义"仅仅是针对单个案件的当事人而言是正义的，那么如何保证它对于整个社会而言是正义的？这就需要进一步讨论弗兰克的更高的社会理想。

[①] 邓正来：《社会学法理学中的"社会"神》，见[美]罗斯科·庞德《法律史解释》，邓正来译，中国法制出版社2002年版，导读第74—75页。

三、理论追求

弗兰克作为一位罗斯福新政的积极参与者,其法学思想难免与其政治诉求相纠缠。就社会秩序及其制度类型的选择问题而言,笔者相信从其整体的学术关怀来考察会更加清晰与准确。统观弗兰克的各项主张,民主社会的良好运行已经进入弗兰克的学术关怀,他不再为法官去争取不受约束的政治权力,而主张"在民主社会中,法院不属于法官和律师们,而属于公民"①;虽然承认规则存在的必要性,但弗兰克认为更为重要的是"那些操纵法律机器的人必须充分注意到他们对公民的极大责任"②。笔者认为,强调法律中人的因素,不仅是弗兰克法律现实主义思想建构的重要一环,也是其具体主张与根本诉求之间以及不同层面诉求之间的有效关联点。

也就是说,弗兰克注意到最为直接影响人们生活的是司法判决,民主社会的理想能否切实地得到实现,将取决于案件结果的公正与否。对此,富勒曾指出,法律现实主义者将法律人看作是预测或影响国家权力运作方式的专家,却"没有提供有助于我们决定法律应当是什么或国家权力应当如何被组织或指引的人和原则"③。弗兰克并未从应然的层面对于类似问题进行阐述,却现实地指出,"民主国家的确必定失败,除非我们的法院公正地审理案件;公正的审判不会存在,除非存在无偏私且公正的法官。"④

---

① Jerome Frank, *Courts on Trial: Myth and Reality in American Justice*, Princeton University Press, 1963, p. 429.

② Jerome Frank, *Courts on Trial: Myth and Reality in American Justice*, Princeton University Press, 1963, p. 411.

③ Lon Fuller, *The Principles of Social Order*, Duke University Press, 1981, p. 251.

④ Jerome Frank, *Law and the Modern Mind*, Peter Smith, 1970, preface to sixth printing.

对于弗兰克而言，民主不能单纯地理解为政治上的统治形式，而应当从社会和经济的意义上理解为一种生活方式和道德理想，虽然他对人类理性的怀疑在一定意义上已经否弃了民主治理的可能性，而民主生活却是他追逐的目标，也就是他所谓的个人潜能可以最大化、每个人都有幸福一生的一种社会类型。正如沃尔考默所言，"对于弗兰克而言，民主与理性分析的治理体系一样是一种信念，即一种情感承诺。"① 在弗兰克的心中，民主制度是人类迄今为止所能拥有的唯一有效的治理体系，"只有民主能够容忍文化差异与言论自由的共存，而这两点是一种治理体系有效运行所必不可少的。更进一步讲，唯有民主可以解决所有治理形式所面对的两难困境：必须调和个人权利与国家要求，以及必须平衡个人对完全自由和对国家完全服从之间相互冲突的需求。"②

然而，弗兰克并不否认民主社会的核心是法治而不是人治，但是对于法治，他认为人们需要重新加以理解与界定。"政府实际上相当于操作它的人，而且并不强于它。对这一事实的模糊就是助长政府治理中的腐败、愚行以及无效。没有什么比我们有或者应该有的所谓法治而不是人治……的口号更具致命的模糊性力量。政府治理就是它的所作所为。它是由人类的行为所构成。它不是由被知道的无活力实体法律所构成，而是由人类活动——即此刻构成政府的那些人的活动所构成。"③

在弗兰克看来，"民主的本质是公民有权知道包括法官在内的公仆正在干什么以及如何将其做好"④，而不是通过无知来确保公众对法院的

---

① Walter E. Volkomer, *The Passionate Liberal: The Political and Legal Ideas of Jerome Frank*, Martinus Nijhoff, 1970, p. 146.

② Walter E. Volkomer, *The Passionate Liberal: The Political and Legal Ideas of Jerome Frank*, Martinus Nijhoff, 1970, p. 145.

③ Jerome Frank, "Realistic Reflection of Law as a Constructive Social Force", *Proceedings of the National Conference of Social Work*, 1933, p. 326.

④ Jerome Frank, *Courts on Trial: Myth and Reality in American Justice*, Princeton University Press, 1963, pp. 2 – 3.

尊敬，因此，他认为帮助人们摆脱以前关于法律的错误观念是作为法律人应尽的责任。

弗兰克指出，"判决是管理过程的一部分并且管理的过程就是政治。"① 因此，法官不仅要使司法系统更有效地运作，而且应当使其承担对社会需求的责任。"像大多数'建设性怀疑论者'一样，我被一种热切的——可能过于热切的——改革我们司法系统的，即尽可能合理地向它的日常运行中注入更多理性和正义的渴望所激发。然而，为了完成这种改革，一个人需要看见而不是远离那些现在在法院系统起作用的非理性和非理想主义的因素。许多这样的因素是令人烦恼的。但是一个让大家注意缺点的人不应该被认为是喜欢缺点的人。一个宣传一种危险且可阻止的疾病流行的内科医生，希望的不是这种疾病永存而是治愈它。没有什么比当一个人是幻觉受骗者时他还认为自己是理性的这一幻觉，能更大程度地妨碍理性的成长。人不能发现比他们已经获取的错觉更好的方式来阻止他们实现任何理想。如果真的珍爱民主司法（democratic justice）的理想，我们就不仅仅满足于心不在焉地谈论。"② 因此，他所作的努力实际上希望人们能够面对法律的真实本性，而其之所以将民主政治作为社会理想，更是因为它可以破解人类的两大悖论③：自由与权威相互冲突的需求以及一个人不仅仅是个体的人而且是社会的人。

笔者认为，如果说作为法律现实主义者，弗兰克在社会改革的立场上是一位极端的激进分子，那么作为一名自由主义者，他在坚守个人主义传统方面则是一位十足的保守分子。因为在他看来，政治民主的起源很大程度上就是人们为了寻求自由而作出的选择，并且民主社会也是唯一授权每一个人拥有最大程度个人自由的政治组织社会。也正是他的这

---

① Jerome Frank, "What Courts Do in Fact", *Illinois Law Review*, Vol. 26, 1932, p. 779.
② Jerome Frank, *Law and the Modern Mind*, Peter Smith, 1970, preface to sixth printing.
③ Jerome Frank, *Fate and Freedom: A Philosophy for Free Americans*, Simon and Schuster, 1945, p. 205.

种将民主政治与个人权利的授予、保护相等同的做法，使得他在看得见正义与民主信仰之间建立了有效的关联，从而为法律提供了更高层面的判准。

然而，虽然民主制度在弗兰克看来可以解决人类所面对的众多悖论，但是民主治理却不能因此而为自身提供合法性与合理性的证明。弗兰克否弃了抽象价值体系的存在，也就意味着他所欲求的任何价值都不可能是超验且预先存在的，而必须通过人类个别的、具体的经验来获得。由此而来的问题就是，既然弗兰克的价值追求是相对的，那么他又如何能从正当性上来证明民主政治是优于其他制度形式的？既然如此，我们甚至可以说，他根本就不能证明民主政治是优于集权统治的。这也就是弗兰克整体理论的最大困境。

四、理论出路

弗兰克相信，在现行法律体系下法律人对法律确定性的盲目追求及惯常法律思维模式的形成都与其接受的法学教育相关。"法学院如何定义法律不可避免地会影响未来律师和法官的思维。"① 因此，法律改革首要的就是改革法学教育，法律改革成功与否、彻底与否，其中最核心的因素也是法律教育模式的改革。同时，由于弗兰克将对法律的关注置于具体诉讼案件的解决，法官的素质与能力的高低则是最直接也是最关键的影响因素。所以，笔者将弗兰克对法律教育模式的重新构设看作是他对传统理论的重大突破口，也是其理论建构的重要环节。

弗兰克所针对的教育模式，是由美国著名法学教育家兰代尔所提出的"案例教学法"。兰代尔认为，"法律，被认为是一门科学，是由一些

---

① Jerome Frank, "Are Judges Human?", *University of Pennsylvania Law Review and American Law Register*, Vol. 80, 1931, p. 17.

原则（principles）或学说（doctrines）组成的。精通这些原则以便能够永远轻松而又有把握地把它们适用于充斥着无尽纠纷的人际事务（human affairs）中，达到这一点才能成为真正的法律人；因此，达到对这些原则的精通就应该是每位认真的法律专业学生的本分。每一条原则都是一步一步缓慢地达致当下的状态的；换句话说，它历经了世世代代的延续，成长于众多案例之中。追溯这一成长大体是通过一系列案例，并且彻底精通这些原则的并非唯一但却最简捷和最佳的方式，就是通过研究体现着这些原则的案例。但是当下对于实现这一目的是有助益的或必不可少的那些案例，在被汇编的案例中只占据极少的比例。就系统学习的目的而言，绝大多数案例是无用的，甚至比无用还要糟糕。此外，基本法律原则的数量要比通常人们所想象的少得多；同一原则不断地以不同的方式被表述，并且法律著述在很大程度上彼此重复，这都是导致许多误解的原因。如果这些原则能够被加以分类和整理以使每一原则都处于其应有的位置，而不是到处都是，它们的数量就不再会那么大得惊人。"①

这种教学法突破了以往纯理论的讲授方法，彰显了它在美国教育中的重要地位。"迄1900年，经过许多年的不断发展，也经过很多辩论后，案件讲授法经得起考验的优点，终于使美国全部重要的法律学校心悦诚服地加以采纳。这时，法学研究的各主要部门都已编纂'案例集'，即使以成文法规占优势的法律部门亦不例外。全国的法律学校都采用经过改善和多方面变化适应的'案件讲授法'。"②

在弗兰克看来，虽然案例教学法有其重要的意义，但它却始终是在一种虚拟的法律环境中，通过分析案件来锻炼技能，即将学生从教科书

---

① C. C. Langdell, *A Selection of Cases on the Law of Contract* (2nd ed.), Little, Brown, 1879, pp. 8–9.

② [美] 戴维·F. 卡弗斯：《法学教育》，见 [美] 哈罗德·伯曼编《美国法律讲话》，陈若桓译，生活·读书·新知三联书店1988年版，第217页。

这种书本形式中解放，但又迫使他们接受案例汇编这种书本形式的束缚。他认为，在当时的美国社会，"我们最主要的法学院仍然是图书馆法学院，即图书法学院。它们不是，但却本该是，法律人法学院。"① 这种案例教学法远离了司法过程的现实，过于看重上级法院的司法意见以及法律规则，采取这种教学法致使"大多数法学院疏忽了与活生生的人（包括证人、委托人、陪审员、初审法官、行政长官、立法委员会委员）的联系，即面对面的联系。这些人格化的联系是律师事务的中心。没有对他们的理解，法学学习是一个无血无肉的骨架。换句话说，如果不放在人格化关系的背景下，法律规则与原则是苍白的、无生命的"②。最为关键的是，这种教学法采取了一种欧几里得式的思维方式，认为可以通过归纳的方法从已判案件中发现基本原则，进而再从原则推论出法律规则，最终通过演绎推理做出新的判决。

对于法学教育的出路，弗兰克认为，首先，要用一种"非欧几里得式"的思维方式；其次，也是最为直接的，就是建立法律人法学院。

对于思维方式的转换，弗兰克主要借鉴了数学领域的发展。他指出，"欧几里得几何学体系建基于一些基本的主张，即所谓的公理或不证自明的真理。从这些真理出发，可以逻辑地推演出这一体系其余内容，以至于体系具有逻辑自洽性。这些公理被认为是自明的，是因为人们将他们的对立物视为不可想象。"③ 相对应，"非欧几里得式"的思维方式则是指抛弃固有的公理，通过考察理论的可欲性来确定其适用，即"当谈到关于事实上世俗事件的任何领域的思想时，如果它具有以下一

---

① Jerome Frank, *Courts on Trial: Myth and Reality in American Justice*, Princeton University Press, 1963, p. 230.
② Jerome Frank, "Both Ends against the Middle", *University of Pennsylvania Law Review*, Vol. 100, 1951, p. 26.
③ Jerome Frank, *Courts on Trial: Myth and Reality in American Justice*, Princeton University Press, 1963, p. 416.

种或更多特性——(1) 这一领域中的思想是简明的,免于复杂的限定,仍然是自洽的;(2) 从新的假设中推论而来的命题更充分地与观察到的现象相吻合;(3) 推论出的一些命题导致了对到那时为止尚未发现的现象的发掘——那么这种被提议的新的假设(公理)就可能被认为比旧有假设更可取。"①

在这一思维方式转变的背后,最为关键的是欧几里得几何学只是建立在假设之上的逻辑体系,它的唯一特征是保持其内在假设之间的相互协调,与经验世界并无必然联系,而这是与法律现实的基本原则相违背的。"对于这些法学院而言回到正轨(the main track)唯一的出路是毫不含糊地对兰代尔对真实的法律实践的疲态批判展开批判,即毫不含糊地将学生带入与法院、法律人的亲密接触之中。"②

对于法律人法学院的建立,弗兰克认为具体应该考虑以下内容③:(1)教师的资格要有所变化,主要教师要具有五年以上的实践经验,还有一些书本法老师(book-law teacher)从事辅助工作;(2)案例系统应该被修订,案例系统不仅要包括上级法院的判例,而且要包括初审法院的案件审理记录;(3)学生在研习案例的同时,在老师的陪同下,观摩初审法院与上级法院的案件审理过程;(4)在每一个法学院中成立法律诊所;(5)在法律诊所中,学生在老师的指导下提供法律服务。也就是说,学生通过行动来学习法律,在这一过程中,学生会发现司法过程的人性的一面,例如偏见对审判的影响;(6)在正式开始法律课程之前,设置其他社会科学的课程,职业伦理、与法律思维相关的逻

---

① Jerome Frank, *Courts on Trial: Myth and Reality in American Justice*, Princeton University Press, 1963, p. 418.

② Jerome Frank, "A Plea for Lawyer-School", *the Yale Law Journal*, Vol. 56, 1947, p. 1313.

③ See Jerome Frank, "Why Not a Clinical Lawyer-School?", *University of Pennsylvania Law Review*, Vol. 81, 1933, pp. 914–923; Jerome Frank, "A Plea for Lawyer-School", *the Yale Law Journal*, Vol. 56, 1947, pp. 1313–1321.

辑与心理学都应在课程设置之中；（7）鼓励学生关注他们未来的可能任务，诸如改善司法过程；（8）关注法官的断案技巧，获知未来工作的有关信息。

然而，弗兰克的法律人法学教育似乎更注重培养法律实务所需要的各种技能，而忽视了学生理论思辨能力的培养；包括弗兰克在其改革方案中所使用的"学徒式教学法"都很容易让读者误会他主张是要回归到普通法传统中学徒制的技艺训练之上。另外，以医学院的模式来进行法律人的培育，是否意味着弗兰克接受了法学与医学同是实践学科的前提。当然，笔者决不否认理论与实践之间的相互促进，但是正如一个社会需要技能娴熟的汽车修配人员，同样，也可能更加需要睿智的汽车设计师。对此，弗兰克认为，"法学院的核心将是一种高尚的律师事务所。加入它的人将通过'做'来学习，而不仅仅通过阅读和讨论行为。但是这样的学院不能将自己限制在法律技术的指导上。它应该通过使用其他社会研究（误称'社会科学'）——历史学、伦理学、经济学、政治学、心理学以及人类学——来考虑'严格的法律问题'。"[①] 并且他还指出，"对法院和律师事实上做什么的认识与法律实践中丰富而多样的文化所具有的各种可能的价值的实物演示（visual demonstration）相关联。"[②]

也就是说，法律人法学院并不是简单地回复到学徒制的教育模式中，而是通过法律实践真实地接触可能影响司法过程的各种因素，面对法律的本性来思考问题。在学徒制的情况下，徒弟更多的是通过模仿来完成工作。举个例子而言，做一个脸盆，首先需要将材料剪切为梯形，卷起来之后才能够形成大口小底的基本构造。在这个过程中，甚至不需

---

① Jerome Frank, *Courts on Trial: Myth and Reality in American Justice*, Princeton University Press, 1963, p.238.

② Jerome Frank, "Why Not a Clinical Lawyer-School?", *University of Pennsylvania Law Review*, Vol. 81, 1933, p.923.

要了解其中的原理，只要按照这一模式就可以完成。但是，法律人法学院所进行的教育并不是单纯地告知如何做成梯形，更重要的是使学生认识到做成梯形的原理，并在实践中摸索各种式样脸盆或其他容器的做法。

尾 论

弗兰克与众不同的视角与进路，佐以似乎有些过激的论述与言辞，使他成为法律现实主义思潮中遭受批评最多的人物。但是弗兰克作为一位愤世嫉俗的改革者，他所作出的贡献还是得到人们普遍认可的。凯恩指出，"我相信弗兰克的事实怀疑论不仅对法律理论与程序改革，而且对理解完全的人类状况也作出了划时代的贡献。我们时代的历史将记录我们是否从他所遗留的挑战中获利。"① 对于整个法律现实主义运动，当然包括弗兰克，斯蒂文斯给予了高度评价，"它是一场并无特定目标的怀疑主义运动，它为法律作了拉塞尔和维特根斯坦以更多智识上的雅致为哲学所做的事情"②。

弗兰克认为，检验某项社会或经济计划或管理方式"是否'正当'（right）依赖于它是否与你所认为的具有实现的可欲性与可能性的价值或理想相一致，并且能有效地促进这些价值或理想"③。具体而言，就是提出所追逐的价值与理想，并且能够给出计划可以促进这些理想的各方

---

① Edmond Cahn, "Jerome Frank's Fact-Skepticism and Our Future", *the Yale Law Journal*, Vol. 66, 1957, p. 824.
② ［美］罗伯特·斯蒂文斯：《法学院——19世纪50年代到20世纪80年代的美国法学教育》，阎亚林等译，中国政法大学出版社2003年版，第208页。
③ Jerome Frank, *Courts on Trial: Myth and Reality in American Justice*, Princeton University Press, 1963, p. 353.

面原因,那么这一计划就是可行的。基于此,不妨采用这一标准来检视弗兰克工作的有效性。

正如上文所述,笔者认为只有对弗兰克法律思想之根本诉求进行不断探寻过程中,才有可能切实地把握弗兰克法律现实主义思想的实质内涵,并且在理论脉络的发展过程中凸现其知识增量,进而对其思想所作出的历史贡献给予正确恰当的评述。而这一根本诉求的探究只能在内部理路的不断厘清中得到拓展,反过来,也正是在弗兰克从规则怀疑论向事实怀疑论的转向过程中验证了其根本诉求的存在。"他的怀疑主义和折中主义不是他怀疑价值的根据,而是他怀疑厌恶任何绝对的价值或社会目的体系的证据。""弗兰克激烈谴责的不是对价值的信仰,而是对迷信与信条的信仰以及通过某些人将他们的价值强加给别人的狂热努力。"[1]

弗兰克相信一旦使法官尽可能地认识到案件判决过程中可能起作用的任何因素,即使这些因素是无法克服的,案件的公正性也会得到保障。弗兰克从对规则的怀疑到对事实的怀疑,对于法律确定性的质疑成为他法律现实主义思想的一条主线,但是与其说他否认确定性的存在,毋宁说他在努力地揭示原本并不确定但却被误认为是确定的事物。"如果他有偏见,那就是人本主义的,如果他有一种信念,就是人们必须是自由的。他的先入之见就是释放人们的建设性力量。"因此,弗兰克通过质疑的方式让人们认识到,法律的性质是偶然的、暂时的,法律的确定性并不能成为法律所追求的目标。[2]

在弗兰克看来,无论是法律规则、案件事实还是审判程序都是法律机器的一部分,他们不可能自动地产生结果,更无涉结果公正与否,因

---

[1] Julius Paul, "Jerome Frank's Contributions to the Philosophy of American Legal Realism", *Vanderbilt Law Review*, Vol. 11, 1958, p. 781.

[2] Sidney M. Davis, "Jerome Frank: Portrait of a Personality", *the University of Chicago Law Review*, Vol. 24, 1957, p. 632.

此，对法律而言最重要的是需要一位好的操纵者，具体而言，需要的是可以做出公正判决的法官。故而法律并不像真正的科学一样确保预测成为可能，人们应该抛弃"法律科学"的观念，并采用一种非欧几里得式的法律思维。虽然弗兰克认为法律不是一门科学而是一门艺术，但是他却从不否认法律应该具有科学精神，一种为可欲目的而探寻方法的精神，即"不渴望安全而渴望风险，不渴望确定而渴望冒险；重实验、创造及新奇而非怀念绝对；致力于利用变化无常的个殊性而非寻求坚定不移的普适性的新方式"。① 这也就是他所主张的"建设性怀疑主义"。而这种怀疑主义的实际目标与任务，就是通过攻击法律确定性神话，将法律从法律抽象的永久保存与噩梦中解放出来。实质上，"就是对为人们视而不见的极其隐蔽的转换过程或机制进行批判，并透过此一努力而使法律制度中的理想要素或价值恢复其原本具有的可争辩性，进而对具体个案中的多种理想要素进行反思性的探究"②。

从学术脉络来看，笔者认为，弗兰克一方面推进了庞德对 19 世纪抽象权利理论的批判，越过社会利益对个人利益的可能侵害，将抽象的个人权利转变成具体的、现实的个人权利。另一方面，他又为富勒等人程序法理学思想的提出提供了很好的切入点，提出看得见正义，但是对于充分保证看得见正义的实现问题，弗兰克并未能像程序法理学家那样提供有效的保障方式。

弗兰克思想的最大魅力是其所谓的建设性怀疑主义思想；他并不想提供某种永恒的结论，而是要激发人们的无限反思。他认为，一旦这些真相被揭示出来，人们就会拥有关于法律的更合理的观念；如果法官承认他们在裁决案件事实和适用法律规则的过程中会不可避免地带有偏见，他们就可能会改进他们的办案方式并控制作为人之本性所带有的可

---

① Jerome Frank, *Law and the Modern Mind*, Coward-McCann Publishers, 1930, p. 98.
② 邓正来：《迈向全球结构中的中国法学——代译序》，见［美］罗斯科·庞德《法理学》（第一卷），邓正来译，中国政法大学出版社 2004 年版，第 19 页。

能缺陷。作为结果,"通过抛弃绝对的法律确定性的幼稚想法,我们可以明显增大实际的法律确定性的数量"①。

然而,无论是怀疑法律规则,还是质疑初审法院的事实调查,弗兰克最终都是希望通过改革司法过程来实现其看得见的正义。也就是说,无论是一以贯之的根本诉求,还是变幻莫测的具体主张,弗兰克同样假设良好的法律及其运行是其目的实现的最为有效的手段。因此,对于法律改革本身弗兰克并无异议,改革的类型与方向才是其最为关注之处。法律的存在与运作似乎成了解决一切问题的灵丹妙药;法律作为一项制度被人类接受之后,似乎也就具有了当然的正当性和合法性。然而,弗兰克的这种假设却是值得我们认真思考与论证的。

对于这一点,邓正来在博登海默的《法理学:法律哲学与法律方法》的重译序中,提出了两个问题②:其一,"为了追求正义价值的实现,人类一次又一次对法律的部分内容或全部内容加以否定,却总也无法消除法律形式相对持久的完备与法律内容对人类根本要求相对无法满足的不和谐,而这是法律的本身局限还是人类的根本追求在绝对意义上的不确定?"其二,"人们在把法律作为精神权威接受下来的同时,却由于这种接受极为自然而忽视了一个心理层面的问题:浸染于大相径庭的文化背景中的人为何都最终趋于同路而把法律视作精神权威?这种现象背后的人的心理转换机制是什么?权威转移所依赖的人的认知心理结构的性质又是否会导致权威的动摇?"同时,必须警醒的是,"人的自我认知有限性,人的自我辩解本能(常常体现为特定阶段的科学结论)和强大的依赖心理则遮蔽了一个更为深层的现象,即法律作为一种社会治理或控制手段,乃是人类社会化过程中的一种

---

① Jerome Frank, *Law and the Modern Mind*, Coward-McCann Publishers, 1930, p.159.
② [美]埃德加·博登海默:《法理学:法律哲学与法律方法》,邓正来译,中国政法大学出版社2004年版,重译本序。

反自然的选择。"①

从一般意义上讲，弗兰克关注现实的经验生活，经验主体的差异性所带来的必然是对普遍必然性的否认，非确定性、偶然性、成为他关注的重点也就不足为奇了。并且，客观世界"最大的确定性是关于不仅在行动里，而且在认识中的不确定性之不可消除的确定性"②。既然确定性是人类认识不断追求的目标，不确定性是世界最本真的存在方式，那么人类何以要求法律必须提供一种确定性？弗兰克对法律确定性问题的解答对于我们重新认识法律的本性的重要意义是不言而喻的，但是在笔者看来，也许更为重要的是他对问题的提出本身。也就是说，我们对于他的理论的关注，并不在于他使我们确信他的回答是正确无误的，而在于他给出了使我们相信答案正确的必需的理由，即便这些理由可能是片面的。更重要的是，他对法律确定性的质疑是我们不得不面对的，也是必须认真思考的。

人们之所以认为法律现实主义者的理论可借鉴的意义很少，在很大程度上是因为他们主张法律现实主义者更多的是批判与质疑前人的理论见地而较少作出建构性的知识贡献，其中弗兰克则是一位更为激进的愤世嫉俗者。但是这部分学者却忽视了更为重要的两个问题——知识本身的批判性以及学术传统在批判基础上的承继性。"破"与"立"本身并不是截然对立的，他们之间的内在关联性就在于"破"本身已经蕴含着"立"的意义。从这种意义上讲，弗兰克的法律现实主义思想并不是表面上简单地从对"规则"的怀疑转向对"事实"的怀疑的逻辑过程，更不是一个愤世嫉俗改革者漫无边界的狂想，理论批判可以说是弗兰克理解社会、推动社会向前发展的一种方式。换一个角度而言，也正是弗兰

---

① [美] 埃德加·博登海默：《法理学：法律哲学与法律方法》，邓正来译，中国政法大学出版社2004年版，重译本序。
② [法] 埃德加·莫兰：《复杂性理论与教育问题》，陈一壮译，北京大学出版社2004年版，第141页。

克采取了这种方式才使得其思想从提出伊始就成为唤醒当时笼罩在神话之下美国社会的清醒剂，成为剥离传统法律观念"虚幻"外表的一把利剑。

那么，在中国当下的语境下对于弗兰克法律现实主义思想加以研究又能为我们提供何种启示呢？面对当下各式各样的西方法学理论的引入，略显急功近利的人们不再去认真思考问题的由来，各种理论杂糅于中国法治论述的过程之中。其中隐含着一种更危险的做法，就是直接把西方一种或某种法学理论及其背后的文化或价值转换成评价中国当下法学理论的标准。因此，对于弗兰克法律理论的借鉴意义，笔者认为，可以具体转化为两个问题去思考：其一，中国社会的现实情况面对的最核心的问题是什么？① 需要借助何种理论进行解答？其二，弗兰克法律现实主义思想，是针对何种问题而产生的？他的理论主张能为中国问题的解决提供何种启示？

对于当下中国法学所面临的各种问题，笔者更愿意采纳邓正来的一种总结，因为至少到目前为止，笔者还不能以一种更敏锐的洞察力、更深厚的知识储备、更真切的现实关注来完成这一任务。具体而言，中国法学的时代主题可以分为以下四点："第一，我们的时代要求法律在适应中国社会变迁和制度转型的需求的同时，还要切实保障一般社会秩序中的预期安全，而这在法学上就表现为法律变化与法律稳定的共时性问题。第二，我们的时代要求我们在全球化的过程中制定并实施大量符合国际社会所遵循的一般性法律原则的同时又兼顾中国的文化传统——无论是旧传统还是新传统——形成的各种习惯，而这在法学上就凸显为法律的移植与法律的本土化问题。第三，我们的时代要求法律对个人取得交易安全中的个人权利并加以保障和捍卫，同时又要考虑到此前的制度

---

① 究竟什么是中国法学所面临的首要问题，或言是否存在这样一种中国法学的元问题？对于这一问题，我们究竟又应当如何进行认识或解释？笔者认为，对于这个问题的解答并不存在唯一正确的答案，我们能做的或许只是为一种或某种理论提供一种正当性的论证。

所遗存下来的集体的或公有的利益，而这在法学上就表现为个人主义的一般性法律原则与社会主义的一般性法律原则之间的协调是否可能的问题。第四，我们的时代要求法律同时亦即在同一个阶段中去处理和面对西方法律按自然时序在各个阶段当中所提出的各种问题，与此相应，我们的时代要求我们的法学同时亦即在同一个阶段去考虑和面对西方法学传统按知识发展的自然时序与伦理学、逻辑学、历史学、生物学、政治学、社会学乃至经济学相结合而形成的立基于不同哲学观点的法律原则，而这在法学上便意味着西方的法律和法学在对我们构成强大示范的同时，甚至还要求我们把西方论者在各个阶段达成的结果转变成我们思考问题的前提甚至是当然的前提，这意味着我们很可能会把丧失批判的状态变成一种常态，甚至把它当作一种当然的状态接受下来而不加质疑和反思。"①

中国社会正处于转型时期，与美国法律现实主义形成与发展阶段的社会状况、所面临的社会问题有诸多的相似之处，任何单向度、强调单一因素的做法都不可能真正解决问题，任何试图寻求彻底的结论性判断的本质主义也必将是徒劳无益的。"中国法学之批判，需要明白病象和原因。"② 因此，笔者认为，弗兰克的怀疑主义精神有助于我们打破常规的束缚，挣脱习惯性做法的桎梏。最重要的是，不再因为习惯而人为地设置逃避现实的障碍，编织各种脱离现实的理由，而要去揭示那些看似"不在场"或"始终沉默"但却真正具有支配力的东西。

就弗兰克的具体理论而言，笔者认为，至少有三个不同层面的问题，需要我们在法学研究和法治建设过程中加以认真对待和思考。

首先就是法律的确定性与法治的关系问题。目前在国内法学界有一个普遍的观点，法律的确定性直接关系到法治是否可能的问题。即如果

---

① 邓正来：《邓正来先生话中国法学的重建》，《法制与社会发展》2003年第5期，第156页。
② 蔡枢衡：《中国法理自觉的发展》，清华大学出版社2005年版，第87页。

按照弗兰克的说法，法律的确定性主张仅仅是一种法律神话，那么就等于消解了传统法治的整个价值，因为近代以来的法治理想的产生主要基于这样一种信念：法治就是法律规则的统治，法律是制约权力的有效手段，法律的确定性是人们为实现正义而追求的目标。

因此，对于这一问题的思考，关键是如何理解法治。弗兰克认为，人们对法治的理解通常采取了一种字面解释的方式，即法律制定的完善程度直接决定治理的好坏情形，也就是我们前面所谈及的规则体系完全是机械式的被适用于各种情形。而实际上，任何一种治理模式都不可能摆脱人的因素，对于法治，人们必须认识到法律是需要人来操纵或适用的。"法律并不只是一套规则，它还是一种程序，一种活生生的社会过程。"① 法律不仅仅是一种制度、一种秩序和一种统治工具，更重要的是法律本身隐藏着一种公平正义的价值、代表了一种理想信念和文化力量。法治不是单纯的规则之治，而是人们在规则框架内自由行为的一种状态；或说更主要的不是规则之治，而是人们对于规则的选择以及遵守的程度。

另外，"20 世纪 70 年代末期至今，中国法律/法制建设因最初对'文化大革命'无法状况的反动和此后对现代法制国家的诉求而言始终处在一个大规模的'立法阶段'"② 面对立法阶段所出现的种种问题，弗兰克对于法律形式主义以及法律崇拜的批判无疑对我国从立法中心模式的法学理论向司法中心模式的法学理论转变提供借鉴。

其次是关于具体正义与社会正义的关系问题。针对社会转型而凸显出的制度、政策上的不平等，地区、行业上的不平等以及财富等方面的不平等，许多学者提出"社会正义"的主张，但是对于社会正义可能带

---

① 梁治平：《死亡与再生——〈法律与宗教〉译后》，见梁治平《法辨——中国法的过去、现在与未来》，贵州人民出版社 1992 年版，第 269 页。
② 邓正来：《中国法学向何处去——建构"中国法律理想图景"时代的论纲》，商务印书馆 2006 年版，第 31 页。

来的一代人正义与多代人正义的冲突问题,以及对个人权利的侵害问题却未给予充分的重视。面对类似问题,弗兰克却主张一种看得见的正义。当下中国究竟需要的是一般形式的正义原则,还是那些具体的可见的正义?相信通过讨论弗兰克的正义观会有利于我们更全面地认识与讨论社会转型所产生的问题和导致的结果。

在这一方面,还存在一个更为具体的问题,弗兰克认为在面对伴随经济发展而扩大的贫富差距时,要确保多数人的福利,但同时更重要的是对贫困者的保障。贫困人的权利保障是否也会成为中国法理学关注的重点?中国法学界对弱势群体保障问题的研究现状在一定意义上也表明了对类似问题的关注。对于贫富差距存在的承认与接受,实质上是对现行社会经济以及政治安排的一种承认。而这种制度安排的合理性与正当性何在呢?单纯地从抽象正义来谈论是否可以真实有效地解决人们的现实困境?理想的社会公正,无疑是人类所追求的崇高目标,但是就社会正义的具体实践困境而言,笔者认为,看得见的正义可以说是一个较佳的选择。

最后是关于事实怀疑论与案件事实的认定问题。在国内学界,很长一段时间里,人们更多地是从制度层面去讨论法律规则体的建立问题,甚至导致对案件事实是否可以作为一个独立的法学问题加以研究表示质疑。随着对司法过程的关注,对于案件事实的讨论成为诉讼法学界研究的重要课题,但是主要集中在"客观真实"与"法律真实"的争论之上,而理论法学界鲜有关注。因此,无论是对于具体的争论,还是整体问题的理论探究而言,弗兰克的事实怀疑论思想无疑是一种重要的理论渊源。

在案件事实真实性问题的争论中,客观真实是基于"任何法律诉讼均预设了法庭能够重建过去所发生事实的真相这一条件"[1] 而成立的。

---

[1] Neil MacCormick, *Legal Reasoning and Legal Theory*, Clarendon Press, 1978, p.87.

法律真实一语的内涵大致是"裁判中对事实的认定应当符合实体法与程序法的有关规定,应当达到从法律的角度可以认为是真实的程度"①。在笔者看来,两种观点实质上都承认存在一种不依赖于人类而独立存在的客观案件事实。只不过法律真实论者认为完全认识客观案件事实是难以达致的,而转向了依据法律认定的标准来认识事实。在这一过程中,弗兰克的观点也因为其本人被认为是"主观事实论者"而不被考虑。

正如前文所述,弗兰克实际上并不排除案件本原事实的客观存在,只是他意识到了,如果将客观事实的"客观性"认作实在论者所主张的那样——所有现象是独立于人类心灵而存在,那么就会陷入一种无法解脱的客观实在与认知现象之间的鸿沟。因此,他要强调案件事实的主观建构性。无独有偶,最近的一条新闻消息指出,英国巴斯思帕大学心理学家泰勒负责的一项实验研究表明,长相俊美的被告,较易获得陪审团的同情,不被定罪;反观面貌"抱歉"的被告,即使罪行相同,身系囹圄的可能性就高出许多。② 弗兰克的理论似乎也不再那么没有可操作性了。

伴随这一问题讨论的深入,大部分学者开始对案件事实主张一种客观性与主观性相结合的观点,即以追求客观事实为目标,通过设置相应的制度与规范从程序上保障法官行为的合法性,杜绝其行为的随意性。但是,这其中却对问题进行了转换。因为,所谓的相应制度与规范实质上是对证据材料使用的规定,对于法官究竟如何选择证据实际上是无能为力的。也就是说,无论规定何种制度,法官对于案件事实认定的主观性是无法避免的。然而,为什么一定要规避这种主观性呢?笔者认为,这种做法很大程度上是因为人们将公正建基于客观之上,认为与主观相比,客观带来公正的可能性要大得多。但是,客观与公正是否必然是一

---

① 李浩:《民事证明责任研究》,法律出版社2003年版,第248页。
② 参见:《英国大学研究:长相俊美的被告较易获陪审团同情》,"中国网",http://www.china.com.cn/tech/txt/2007-03/24/content_8006521.htm,2007年3月24日。

致的？这也许需要从更深的层面加以讨论，限于本书主旨，在此不再赘述。

在全球化浪潮的冲击下，当代中国社会所面临的国内、外环境比起20世纪20、30年代的美国而言要复杂得多，解决问题所需要的方案也更加繁复。无论对于法律确定性的质疑，对于法律不确定性的承认是否能更好地说明法律的问题，也不论弗兰克的相关主张是不是法律思想史中一段不经意的插曲，但是，他所揭示出来的问题的重要意义是毋庸置疑的。相对传统而言，人类何以必须追求或寻求一种有秩序有组织的生活倾向呢？当一种追求秩序之人性被宣称时，是不是可以被看作是在一种被别有用心的外衣包装下的兜售行径呢？因为事实上，有序与无序同样表征了人性的需求。所以，问题不是有何必要追求或寻求有序生活，而应当是在承认人性复杂的基础上，探求法所依赖的基础或根源。

参考文献

一、中文译著

1. ［德］阿图尔·考夫曼：《法律哲学》，刘幸义等译，法律出版社2004年版。

2. ［美］埃德加·博登海默：《法理学：法律哲学与法律方法》，邓正来译，中国政法大学出版社2004年版。

3. ［美］伯纳德·施瓦茨：《美国法律史》，王军等译，中国政法大学出版社1997年版。

4. ［美］本杰明·内森·卡多佐：《法律的成长 法律科学的悖论》，董炯、彭冰译，中国法制出版社2002年版。

5. ［美］本杰明·内森·卡多佐：《司法过程的性质》，苏力译，商务印书馆1998年版。

6. ［日］川岛武宜：《现代化与法》，申政武等译，中国政法大学出版社2004年版。

7. ［美］戴维·鲁本：《法律现代主义》，苏亦工译，中国政法大学出版社2004年版。

8. ［英］大卫·休谟：《人类理解研究》，关文运译，商务印书馆1957年版。

9. ［英］弗·培根:《培根论说文集》,水天同译,商务印书馆1983年版。

10. ［德］弗里德里希·卡尔·冯·萨维尼:《论立法与法学的当代使命》,许章润译,中国法制出版社2001年版。

11. ［英］弗里德利希·冯·哈耶克:《法律、立法与自由》(三卷本),邓正来等译,中国大百科全书出版社2000年版。

12. ［德］贡塔·托依布纳:《法律:一个自创生系统》,张骐译,北京大学出版社2004年版。

13. ［美］哈罗德·伯曼编:《美国法律讲话》,陈若桓译,生活·读书·新知三联书店1988年版。

14. ［奥］汉斯·凯尔森:《法与国家的一般理论》,沈宗灵译,中国大百科全书出版社1996年版。

15. ［英］H. L. A.哈特:《法律的概念》,张文显等译,中国大百科全书出版社1996年版。

16. ［美］H. S.康马杰:《美国精神》,南木译,光明日报出版社1988年版。

17. ［爱尔兰］J. M.凯利:《西方法律思想简史》,王笑红译,法律出版社2002年版。

18. ［美］卡尔·卢埃林:《普通法传统》,陈绪纲等译,中国政法大学出版社2002年版。

19. ［美］朗·富勒:《法律的道德性》,郑戈译,商务印书馆2005年版。

20. ［美］劳伦斯·M.弗里德曼:《法律制度——从社会科学角度观察》,李琼英等译,中国政法大学出版社1994年版。

21. ［美］理查德·A.波斯纳:《法理学问题》,苏力译,中国政法大学出版社2001年版。

22. ［美］理查德·A.波斯纳:《超越法律》,苏力译,中国政法大学出版社 2001 年版。

23. ［美］罗伯特·斯蒂文斯：《法学院——19 世纪 50 年代到 20 世纪 80 年代的美国法学教育》，阎亚林等译，中国政法大学出版社 2003 年版。

24. ［美］罗伯托·昂格尔：《现代社会中的法律》，吴玉章、周汉华译，译林出版社 2001 年。

25. ［英］罗杰·科特威尔：《法律社会学导论》，潘大松等译，华夏出版社 1989 年版。

26. ［美］罗纳德·德沃金：《认真对待权利》，信春鹰译，中国大百科全书出版社 1998 年版。

27. ［美］罗纳德·德沃金：《法律帝国》，李常青译，中国大百科全书出版社 1996 年版。

28. ［美］罗斯科·庞德：《法理学》（第一卷），邓正来译，中国政法大学出版社 2004 年版。

29. ［美］罗斯科·庞德：《法律史解释》，邓正来译，中国法制出版社 2002 年版。

30. ［美］罗斯科·庞德：《通过法律的社会控制 法律的任务》，沈宗灵译，商务印书馆 1984 年版。

31. ［德］马丁·海德格尔：《海德格尔存在哲学》，孙周兴等译，九州出版社 2004 年版。

32. ［德］马克斯·韦伯：《新教伦理与资本主义精神》，彭强、黄晓京译，陕西师范大学出版社 2002 年版。

33. ［德］马克斯·韦伯：《儒教与道教》，洪天富译，江苏人民出版社 1995 年版。

34. ［英］尼尔·麦考密克、［奥］奥塔·魏因贝格尔：《制度法论》，周叶谦译，中国政法大学出版社 1994 年版。

35. ［德］N.霍恩：《法律科学与法律哲学导论》，罗莉译，法律出版社 2005 年版。

36．［美］P.诺内特、［美］P.塞尔兹尼克：《转变中的法律与社会：迈向回应型法》，张志铭译，中国政法大学出版社 2004 年版。

37．［日］棚濑孝雄：《纠纷的解决与审判制度》，王亚新译，中国政法大学出版社 2004 年版。

38．［法］皮埃尔·布迪厄、［美］华康德：《实践与反思》，李猛、李康译，中央编译出版社 2004 年版。

39．［英］R.G.柯林伍德：《历史的观念》，何兆武等译，商务印书馆 1997 年版。

40．［瑞士］让·皮亚杰：《发生认识论原理》，王宪钿等译，商务印书馆 1997 年版。

41．［瑞士］让·皮亚杰：《儿童心理学》，吴福元译，商务印书馆 1980 年版。

42．［美］斯蒂芬·M.菲尔德曼：《从前现代主义到后现代主义的美国法律思想——一次思想航行》，李国庆译，中国政法大学出版社 2005 年版。

43．［美］斯蒂文·J.伯顿主编：《法律的道路及其影响——小奥利弗·温德尔·霍姆斯的遗产》，张芝梅等译，北京大学出版社 2005 年版。

44．［英］托马斯·霍布斯：《利维坦》，黎思复等译，商务印书馆 1996 年版。

45．［美］唐·布莱克：《社会学视野中的司法》，郭星华等译，法律出版社 2002 年版。

46．［英］韦恩·莫里森：《法理学》，李桂林等译，武汉大学出版社 2003 年版。

47．［美］威廉·詹姆士：《实用主义》，陈羽纶、孙瑞禾译，商务印书馆 1979 年版。

48. [奥] 西格蒙德·弗洛伊德：《弗洛伊德自传》，张齐明译，上海人民出版社 1987 年版。

49. [古希腊] 亚里士多德：《政治学》，吴寿彭译，商务印书馆 1997 年版。

50. [英] 约翰·奥斯丁：《法理学的范围》，刘星译，中国法制出版社 2002 年版。

51. [美] 约翰·博西格诺等：《法律之门：法律过程导论》，邓子滨译，华夏出版社 2002 年版。

52. [美] 约翰·杜威：《确定性的寻求——关于知行关系的研究》，傅统先译，上海人民出版社 2004 年版。

53. [美] 约翰·杜威：《哲学的改造》，许崇清译，商务印书馆 1997 年版。

54. [美] 约翰·罗尔斯：《正义论》，何怀宏等译，中国社会科学出版社 1998 年版。

二、中文著作

1. 蔡枢衡：《中国法理自觉的发展》，清华大学出版社 2005 年版。

2. 慈继伟：《正义的两面》，生活·读书·新知三联书店 2001 年版。

3. 车文博：《西方心理学史》，浙江教育出版社 1998 年版。

4. 陈光中主编：《外国刑事诉讼程序比较研究》，法律出版社 1988 年版。

5. 陈瑞华：《看得见的正义》，中国法制出版社 2000 年版。

6. 邓正来：《研究与反思——中国社会科学自主性的思考》（增订版），中国政法大学出版社 2004 年版。

7. 邓正来：《规则·秩序·无知——关于哈耶克自由主义的研究》，

生活·读书·新知三联书店 2004 年版。

8. 邓正来：《哈耶克法律哲学的研究》，法律出版社 2002 年版。

9. 邓正来：《自由与秩序——哈耶克社会理论的研究》，江西教育出版社 1998 年版。

10. 邓正来主编：《西方法律哲学家研究年刊》（总第 1 卷），北京大学出版社 2006 年版。

11. 邓正来：《中国法学向何处去——建构"中国法律理想图景"时代的论纲》，商务印书馆 2006 年版。

12. 付池斌：《现实主义法学》，法律出版社 2005 年版。

13. 何勤华：《二十世纪百位法律家》，复旦大学出版社 1993 年版。

14. 黄安年：《二十世纪美国史》，河北人民出版社 1989 年版。

15. 蒋恩慈、储有德主编：《西方法学家生平与学说评介》，广西人民出版社 1983 版。

16. 李浩：《民事证明责任研究》，法律出版社 2003 年版。

17. 梁治平：《法辨——中国法的过去、现在与未来》，贵州人民出版社 1992 年版。

18. 刘星：《法律是什么？——20 世纪英美法理学的批判阅读》，中国政法大学出版社 1998 年版。

19. 吕世伦主编：《西方法律思潮源流论》，中国人民公安大学出版社 1993 年版。

20. 苗金春：《语境与工具——解读实用主义法学的进路》，山东人民出版社 2004 年版。

21. 沈宗灵：《现代西方法律哲学》，法律出版社 1983 年版。

22. 徐步横、余振龙：《法学流派与法学家》，知识出版社 1981 版。

23. 张宏生主编：《西方法律思想史》，法律出版社 1986 版。

24. 张乃根：《西方法哲学史纲》，中国政法大学出版社 1993 年版。

25. 张乃根：《当代西方法哲学主要流派》，复旦大学出版社 1993

年版。

26. 张友伦、李建鸣主编：《美国历史上的社会运动和政府改革》，天津教育出版社 1992 年版。

27. 张文显：《二十世纪西方法哲学思潮研究》，法律出版社 1996 年版。

28. 周汉华：《现实主义法律运动与中国法制改革》，山东人民出版社 2002 年版。

29. 周旺生：《西方法学名著评介》，辽宁人民出版社 1986 年版。

30. 朱景文：《对西方法律传统的挑战：美国批判法律研究运动》，中国检察出版社 1996 年版。

三、中文论文

1. ［美］理查德·A. 波斯纳：《实用主义，能为法律提供什么》，许杨勇译，"中国法学网"，http：//www. iolaw. org. cn/shownews. asp？id = 6071，2007 年 3 月 24 日。

2. 傅蔚冈：《存在确定的法律吗？——一个西方法律思想的梳理》，"公法评论"，http：//www. gongfa. com/fuwgquedingfalv. htm，2007 年 3 月 24 日。

3. 季卫东：《从边缘到中心：二十世纪美国的"法与社会"研究运动》，"正来学堂"，http：//dzl. legaltheory. com. cn/info. asp？id = 8951，2005 年 10 月 8 日。

4. 吕世伦、付池斌：《现实主义法律运动对美国现代法学教育的影响》，"中国法理网"，http：//www. jus. cn/include/shownews. asp？key = &newsid = 658，2007 年 3 月 24 日。

5. 曾庆洪：《述评弗兰克之"事实怀疑论"》，"北大法律信息网"，http：//www. chinalawinfo. com/research/academy/details. asp？lid = 2898，

2007 年 3 月 24 日。

6．［美］马丁·P. 戈尔丁：《美国二十世纪法理学和法律哲学》，同心译，《法学译丛》1987 年第 6 期。

7．［美］格兰特·吉尔摩：《美国法律发展的回顾和前瞻》，《法学译丛》1983 年第 4 期。

8．［美］劳伦斯·M. 弗里德曼：《法治、现代化和司法》，傅郁林译，见《北大法律评论》第 1 卷第 1 辑，法律出版社 1998 年版。

9．［法］皮埃尔·布迪厄：《法律的力量——迈向司法场域的社会学》，强世功译，见《北大法律评论》第 2 卷第 2 辑，法律出版社 2000 年版。

10．［美］斯图尔特·麦考利：《新老法律现实主义——今非昔比》，范愉译，《政法论坛》2006 年第 4 期。

11．［英］威廉·特文宁：《谈谈［美国的］现实主义法学》，仁堪译，《法学译丛》1987 年第 4 期。

12．曹祜：《论法律的确定性与不确定性》，《法律科学》2004 年第 3 期。

13．陈平：《美国现实主义法学评析》，《遵义师范学院学报》2002 年第 4 期。

14．陈锐：《法理学中的法律形式主义》，《西南政法大学学报》2004 年第 6 期。

15．邓正来：《邓正来先生话中国法学的重建》，《法制与社会发展》2003 年第 5 期。

16．范愉：《新法律现实主义的勃兴与当代中国法学反思》，《中国法学》2006 年第 4 期。

17．葛洪义、陈年冰：《法的普遍性、确定性、合理性辩析——兼论当代中国立法和法理学的使命》，《法学研究》1997 年第 5 期。

18．强世功：《迈向立法者的法理学——法律移植背景下对当代法理学的反思》,《中国社会科学》2005 年第 1 期。

19. 刘星:《法律的不确定性——美国现实主义法学述评》,中山大学学报 1996 年增刊。

20. 梁治平:《法治:社会转型时期的制度建构——对中国法律现代化运动的一个内在观察》,《当代中国研究》2000 年第 2 期。

21. 彭灵勇:《对现实主义法学的反思》,《社会科学家》1997 年第 1 期。

22. 苏力:《也许正在发生——中国当代法学发展的一个概览》,《比较法研究》2001 年第 3 期。

23. 田成有:《法社会学视野中的法官造法》,《现代法学》2003 年第 4 期。

24. 杨力:《当代中国社会转型与现代法律秩序生长》,《宁夏社会科学》2006 年第 2 期。

25. 张宏生、汪静珊:《略论美国法律现实主义》,《国外法学》1983 年第 1 期。

四、英文著作

1. Barbara Frank Kristein (ed.), *A Man's Reach: The Philosophy of Judge Jerome Frank*, Greenwood Press, Inc., 1977.

2. Gray J. Aichele, *Legal Realism and Twentieth-Century American Jurisprudence*, Garland Publishing, Inc., 1990.

3. Julius Paul, *The Legal Realism of Jerome N. Frank: A Study of Fact-Skepticism and the Judicial Process*, Martinus Nijhoff, 1959.

4. Jehiol Mitchell Rosenberg, *Jerome Frank: Jurist and Philosopher*, Philosophical Library, Inc., 1970.

5. Jerome Frank, *Courts on Trial: Myth and Reality in American Jus-*

tice, Princeton University Press, 1963.

6. Jerome Frank, *Fate and Freedom: A Philosophy for Free Americans*, Simon and Schuster, 1945.

7. Jerome Frank, *If Men Were Angels: Some Aspects of Government in a Democracy*, Harper & Brother, 1942.

8. Jerome Frank, *Law and the Modern Mind*, Coward-McCann Publishers, 1936.

9. Jerome Frank & Barbara Frank, *Not Guilty*, Doubleday & Company, Inc., 1957.

10. Jerome Frank, *Save America First: How to Make Our Democracy Work*, Harper & Brother, 1938.

11. Laura Kalman, *Legal Realism at Yale: 1927 – 1960*, University of North Carolina Press, 1986.

12. M. D. A. Freeman, *Lloyd's Introduction to Jurisprudence (sixth edition)*, Sweet & Maxwell, 1996.

13. Morton J. Horwitz, *The Transformation of American Law: 1870—1960: The Crisis of Legal Orthodoxy*, Oxford University Press, 1993.

14. Neil Duxbury, *Patterns of American Jurisprudence*, Clarendon Press, Oxford, 1995.

15. Robert J. Glennon, *The Iconoclast as Reformer: Jerome Frank's Impact on American Law*, Cornell University Press, 1985.

16. Walter E. Volkomer, *The Passionate Liberal: The Political and Legal Ideas of Jerome Frank*, Martinus Nijhoff, 1970.

17. William Twining, *Karl Llewellyn and the Realist Movement*, University of Oklahoma Press, 1973.

18. William W. Fisher Ⅲ, Morton J. Horwitz and Thomas A. Reed, *American Legal Realism*, Oxford University Press, 1993.

五、英文论文

1. Anthony D'Amato, "The Limits of Legal Realism", 87 the *Yale Law Journal*, 1977.

2. Calvin Woodard, "The Limits of Legal Realism: An Historical Perspective", 54 *Virginia Law Review*, 1968.

3. Charles E. Clark, "Jerome N. Frank", 66 *the Yale Law Journal*, 1957.

4. Charles Fried, "Jurisprudential Responses to Legal Realism", 73 *Cornell law Review*, 1987.

5. Daniel A. Farber, "Toward a New Legal Realism", 68 *the University of Chicago Law Review*, 2001.

6. David B. Wilkins, "Legal Realism for Lawyers", 104 *Harvard Law Review*, 1990.

7. Edmond Cahn, "Jerome Frank's Fact-Skepticism and Our Future", 66 *the Yale Law Journal*, 1957.

8. Edward J. Bloustein, "Logic and Legal Realism: The Realist as a Frustrated Idealist", 50 *Cornell Law Quarterly*, 1964.

9. Felix Frankfurter, "Jerome N. Frank", 24 *the University of Chicago Law Review*, 1957.

10. Grant Gilmore, "Legal Realism: Its Cause and Cure", 70 *the Yale Law Journal*, 1961.

11. Hans Kelsen, "The Pure Theory of Law and Analytical Jurisprudence", 55 *Harvard Law Review*, 1941.

12. Harry W. Jones, "Law and Morality in the Perspective of Legal Realism", 61 *Columbia Law Review*, 1961.

13. Hessel. E. Yntema, "American Legal Realism in Retrospect", 14

Vanderbilt Law Review, 1960.

14. Hutcheson, "The Judgment Intuitive: The Function of the 'Hunch' in Judicial Decisions", 14 *Cornell Law Quarterly*, 1929.

15. Jerome Frank, "A Conflict with Oblivion: Some Observation on the Founders of Legal Pragmatism", 9 *Rutgers Law Review*, 1954.

16. Jerome Frank, "A Plea for Lawyer-Schools", 56 *the Yale Law Journal*, 1947.

17. Jerome Frank, "Self-Guardianship and Democracy", 16 *The American Scholar*, 1947.

18. Jerome Frank, "Are Judges Human?", 80 *University of Pennsylvania Law Review and American Law Register*, 1931.

19. Jerome Frank, "Both Ends against the Middle", 100 *University of Pennsylvania Law Review*, 1951.

20. Jerome Frank, "Book Review: The Bramble Bush", 40 *the Yale Law Journal*, 1931.

21. Jerome Frank, "Book Review: Outline of Lectures on Jurisprudence", 52 the *Yale Law Journal*, 1943.

22. Jerome Frank, "Book Review: Legal Theory", 59 *Harvard Law Review*, 1946.

23. Jerome Frank, "Cardozo and the Upper-Court Myth", 13 *Law and Contemporary Problems*, 1948.

24. Jerome Frank, "Civil Law Influences on the Common Law—Some Reflections on 'Comparative' and 'Contrastive' Law", 104 *University of Pennsylvania Law Review*, 1956.

25. Jerome Frank, "Judicial Fact-Finding and Psychology", 14 *Ohio State Law Journal*, 1953.

26. Jerome Frank, "Legal Thinking in Three Dimensions", 1 *Syracuse*

Law Review, 1949.

27. Jerome Frank, "Modern and Ancient Legal Pragmatism—John Dewey & Co. vs. Aristotle", 25 *Notre Dame Lawyer*, 1950.

28. Jerome Frank, "Mr. Justice Holmes and Non-Euclidean Legal Thinking", 17 *Cornell Law Quarterly*, 1932.

29. Jerome Frank, "Say It with Music", 61 *Harvard Law Review*, 1948.

30. Jerome Frank, "Short of Sickness and Death: A Study of Moral Responsibility in Legal Criticism", 26 *New York University Law Review*, 1951.

31. Jerome Frank, "Some Reflections on Judge Learned Hand", 24 *the University of Chicago Law Review*, 1957.

32. Jerome Frank, "The Place of the Expert in a Democratic Society", 16 *Philosophy of Science*, 1949.

33. Jerome Frank, "What Courts Do in Fact", 26 *Illinois Law Review*, 1932.

34. Jerome Frank, "When 'Omer Smote Is Bloomin' Lyre", 51 *the Yale Law Journal*, 1942.

35. Jerome Frank, "Why Not a Clinical Lawyer-School?", 81 *University of Pennsylvania Law Review*, 1933.

36. Jerome Frank, "Words and Music: Some Remarks on Statutory Interpretation", 47 *Columbia Law Review*, 1947.

37. Joseph William Singer, "Legal Realism Now", 76 *California Law Review*, 1988.

38. Julius Paul, "Jerome Frank's Attack on the 'Myth' of Legal Certainty", 36 *Nebraska Law Review*, 1957.

39. Julius Paul, "Jerome Frank's Contributions to the Philosophy of American Legal Realism", 11 *Vanderbilt Law Review*, 1958.

40. Karl Llewellyn, "On Reading and Using the Newer Jurisprudence",

40 *Columbia Law Review*, 1940.

41. K. N. Llewellyn, "Mortimer J. Adler and Walter Wheeler Cook", Law and the Modern Mind: A Symposium, 31 *Columbia Law Review*, 1931.

42. K. N. Llewellyn, "A Realistic Jurisprudence-The Next Step", 30 *Columbia Law Review*, 1930.

43. K. N. Llewellyn, "Some Realism about Realism: Responding to Dean Pound", 44 *Harvard Law Review*, 1931.

44. Learned Hand, "The Deficiencies of Trials to Reach the Heart of the Matter", 3 *Lectures on Legal Topics*, 1926.

45. Lon L. Fuller, "American Legal Realism", 76 *Proceedings of the American Philosophical Society*, 1936.

46. LonL. Fuller, "Human Purpose and Natural Law", 53 *the Journal of Philosophy*, 1956.

47. Max Radin, "Legal Realism", 31 *Columbia Law Review*, 1931.

48. Michael E. Smith, "How Liberated Was Judge Jerome Frank?", 77 *Michigan Law Review*, 1979.

49. Neil Duxbury, "Jerome Frank and the Legacy of Legal Realism", 18 *Journal of Law and Society*, 1991.

50. Oliver Wendell Holmes, "The Path of the Law", 10 *Harvard Law Review*, 1897.

51. Philip B. Kurland, "Jerome N. Frank: Some Reflections and Recollections of a Law Clerk", 24 *the University of Chicago Law Review*, 1957.

52. Sidney M. Davis, "Jerome Frank: Portrait of a Personality", 24 *the University of Chicago Law Review*, 1957.

53. Simon N. Verdun–Jones, "The Jurisprudence of Jerome N. Frank: A Study in American Legal Realism", 7 *Sydney Law Review*, 1973.

54. Thurman Arnold, "Judge Jerome Frank", 24 *the University of Chi-*

cago Law Review, 1957.

55. Walton Hale Hamilton, "The Great Tradition – Jerome Frank", 66 *the Yale Law Journal*, 1957.

56. William O. Douglas, "Jerome N. Frank", 24 *the University of Chicago Law Review*, 1957.

57. William Twining, "Some Scepticism about Some Scepticisms", 2 *Journal of Law & Society*, 1984.

58. William Twining, "Talk about Realism", 60 *New York University Law Review*, 1985.

59. William Twining, "Other People's Power: The Bad Man and English Positivism, 1897 – 1997", 63 *Brooklyn Law Review*, 1997.

后 记

本书是我的博士论文。她不仅记录了我在博士研究生期间的种种努力，还承载了诸多老师的谆谆教诲以及同学们的热心帮助，更与林喆老师等答辩委员会的各位委员的精心指导密不可分。

从 2007 年毕业至今，数易其稿，但一直未能达到自己希望的状态……最为遗憾的是，2013 年 1 月 24 日上午 6 点 50 分邓正来先生永远地离我们而去，序言从此空白……为了纪念恩师，特将曾经的嘱托附在卷首……为了纪念那段时光，本书内容保持博士论文原貌……

博士论文完成之际，虽然春天已经到来，但是窗外除了终年常青的松柏，依稀可见的是那尚未融化的积雪。这就是春天里我的母校——吉林大学。在这个校园里，我度过了人生最美妙的十年，她见证了我的脆弱与坚强，她倾听了我的哭泣与欢歌，感谢伟大的吉林大学，感谢与我一路走来的老师和同学。

此时此刻，让我用最诚挚的心向他们表达我积蓄已久的感激之情。首先感谢张文显先生作为领航者的吉林大学法理团队，是你们知识上的团结、学术上的成就给我树立了学习的榜样；其次要感谢我的导师邓正来先生为核心的大家庭，在那里我得到了无微不至的关爱和家一般的温暖；同时也要感谢"小南湖"等读书小组以及生活中法理等学术活动给予我的启发和帮助，最后还要感谢和我一起学习和讨论的各位同学，是大家让我在学习中丰富生活，在生活中锻炼思考。

博士阶段可以说是我人生的最重大的转折点，因此，我想多用一些笔墨来记住我的恩师——邓正来先生。有太多奢华的词语可以来描述老师的高尚，但是天生驽钝的我始终认为那些话语用来形容先生过于空洞，让人无法体会他时时刻刻为学生、为学术留下的片片真情：三年了，邓老师的头发不知白了多少——连楼下收发室的大爷都说，"邓老师，又来上课了，都六十多岁了，别太辛苦了"，大爷只看到了邓老师为学生忙碌的背影，却不知六十岁却是十年之后的事情；邓老师的批评是严厉的，甚至是有些让人下不来台的，但是有时的宽容却更让人将错误铭记于心；邓老师的笑是那样的纯，让人能感觉到孩子般的天真，同样他也有一颗不受侵染的善良心，他尽可能地为学生解决难题，却从不容许大家去逃避自己的责任，他真心地扶助每一个学生的成长，却从不愿责备大家水平太差，而是不停地鼓励"你再努力些，你会取得更大的进步"。

在此，我还要特别感谢我的硕士导师李为教授，是他的宽容、鼓励与帮助，让我有机会依循我的兴趣去努力与发展，是他持续不断的教导，让我拥有了更多的智慧；我还要特别感谢师姐张翠梅、毕晓玉的热心帮助，感谢她们不远万里从国外寄回宝贵文献，感谢师兄胡长栓、丁建略在百忙之中为我复印资料，是他们的不辞辛苦为本书的最后形成提供了丰厚的给养；感谢师弟徐清飞、李刚、师妹王虹霞以及挚友王佳，感谢他们提出的诸多宝贵意见，感谢他们进行的细致而繁琐的文字校订工作，是他们的努力减少了本书可能存在的错误；感谢所有关心我以及这篇论文的朋友们……

最后我还要特别感谢父母，感谢亲人，感谢一直陪伴我的Zoozoo，是他们为我创造了最宽松的学习环境和最充裕的学习时间，让几近而立之年的我仍无忧无虑地沉浸在书的海洋，感谢他们一直以来的理解与支持，感谢他们无怨无悔的奉献，感谢他们的悉心关爱与呵护。

伴随论文付梓，我的学术征程才刚刚启航……

于晓艺

二零一三年九月

图书在版编目(CIP)数据

最忠诚的反叛者：弗兰克法律现实主义思想研究/于晓艺著.
—北京：中央编译出版社，2014.7
ISBN 978-7-5117-2223-2

Ⅰ.①最… Ⅱ.①于… Ⅲ.①弗兰克,J.(1889~1957)-法学-思想评论
Ⅳ.①D909.712

中国版本图书馆CIP数据核字(2014)第145281号

最忠诚的反叛者：弗兰克法律现实主义思想研究

出 版 人：刘明清
出版统筹：贾宇琰
责任编辑：王 琳
责任印制：尹 珺
出版发行：中央编译出版社
地　　址：北京西城区车公庄大街乙5号鸿儒大厦B座(100044)
电　　话：(010)52612345(总编室)　(010)52612341(编辑室)　　　　　(010)52612316(发行部)　(010)52612317(网络销售)　　　　　(010)52612346(馆配部)　(010)66509618(读者服务部)
传　　真：(010)66515838
经　　销：全国新华书店
印　　刷：北京中兴印刷有限公司
开　　本：787毫米×1092毫米　1/16
字　　数：148千字
印　　张：11
版　　次：2014年7月第1版第1次印刷
定　　价：49.00元

网　　址：www.cctphome.com　　邮　箱：cctp@cctphome.com
新浪微博：@中央编译出版社　　　　微　信：中央编译出版社(ID: cctphome)
淘宝店铺：中央编译出版社直销店(http://shop108367160.taobao.com)

本社常年法律顾问：北京市吴栾赵阎律师事务所律师　闫军　梁勤
凡有印装质量问题，本社负责调换，电话：(010)66509618